分県登山ガイド 04

秋田県の山

佐々木民秀 著

山と溪谷社

分県登山ガイド――4

秋田県の山

目次

【登山にあたってのお願い】

秋田県の山は2023年7月14日の大雨の影響により、登山口へいたる車道や登山道が被災している箇所があります。登山の際は、事前に当該自治体等へ問合せをしておきましょう（自治体等によってはホームページにて現在の状況を入手することができます）。また、通行可能であったとしても予期せぬ落石・滑落等の恐れがあるため、十分に注意してください。

●本文地図主要凡例●

- - - - - 紹介するメインコース。

- - - - - 本文か脚注で紹介しているサブコース。一部、地図内でのみ紹介するコースもあります。

Start Goal Start Goal 225m 出発点／終着点／出発点・終着点の標高数値。

管理人在中の山小屋もしくは宿泊施設。

紹介するコースのコースタイムのポイントとなる山頂。

○ コースタイムのポイント。

管理人不在の山小屋もしくは避難小屋。

秋田県の山全図

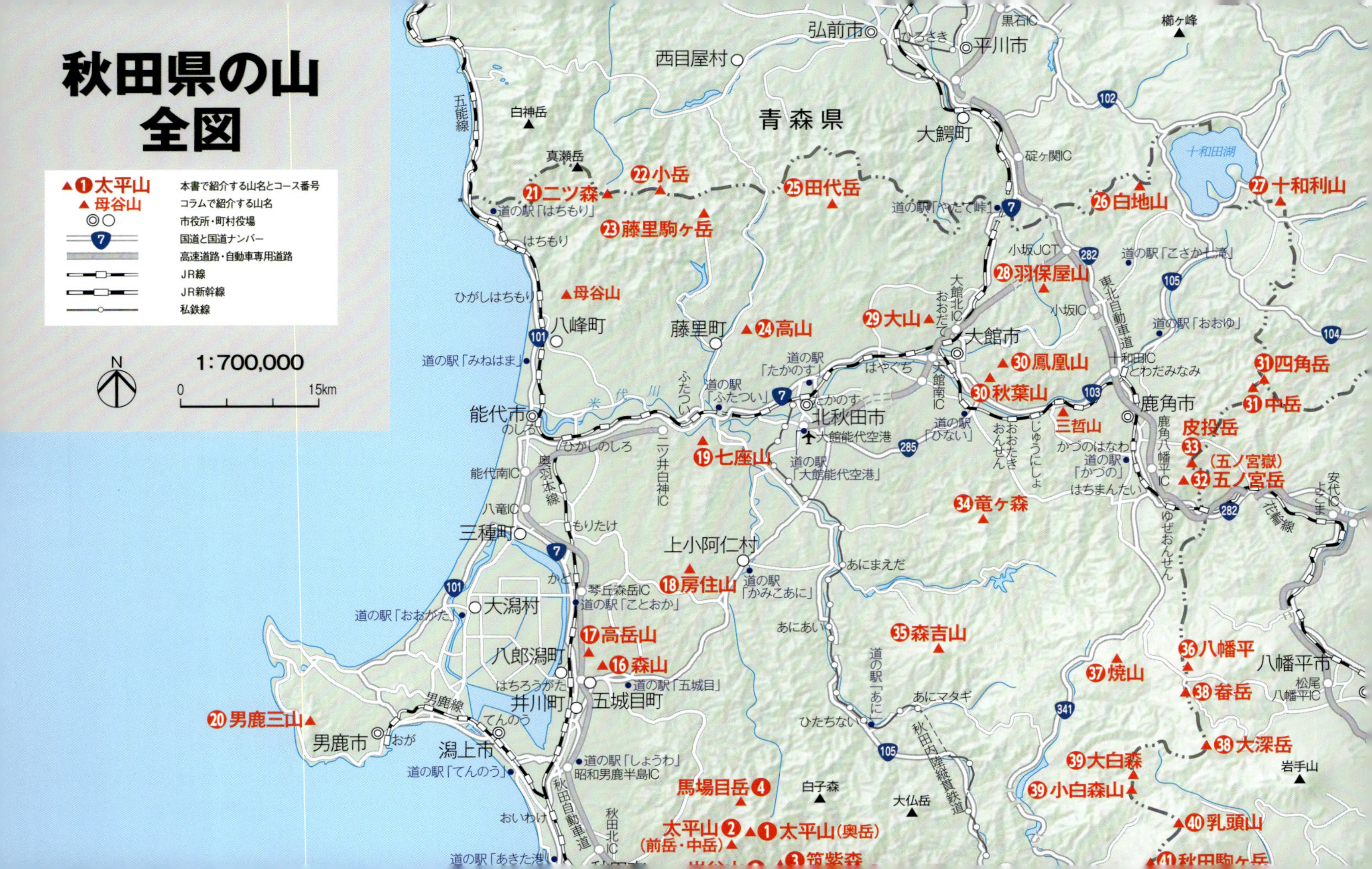

▲❶太平山 本書で紹介する山名とコース番号
▲母谷山 コラムで紹介する山名
◎○ 市役所・町村役場
7 国道と国道ナンバー
高速道路・自動車専用道路
JR線
JR新幹線
私鉄線
N
1:700,000
0
15km
青森県
弘前市
平川市
西目屋村
大鰐町
黒石IC
櫛ヶ峰
白神岳
真瀬岳
五能線
十和田湖
碇ヶ関IC
21 二ツ森
22 小岳
23 藤里駒ヶ岳
25 田代岳
26 白地山
27 十和利山
道の駅「はちもり」
道の駅「やたて峠」
はちもり
ひがしはちもり
母谷山
八峰町
藤里町
24 高山
29 大山
28 羽保屋山
小坂JCT
小坂IC
道の駅「こさか七滝」
道の駅「おおゆ」
東北自動車道
十和田IC
とわだみなみ
大館市
大館北IC
おおだて
大館南IC
30 鳳凰山
30 秋葉山
31 四角岳
31 中岳
三哲山
鹿角市
皮投岳
33
（五ノ宮嶽）
32 五ノ宮岳
鹿角八幡平IC
かづのはなわ
道の駅「かづの」
はちまんたい
ゆぜおんせん
安代IC
よこま
花輪線
道の駅「みねはま」
能代市
のしろ
米代川
ふたつい
道の駅「ふたつい」
道の駅「たかのす」
たかのす
はやぐち
北秋田市
大館能代空港
道の駅「大館能代空港」
道の駅「ひない」
おおたき おんせん
じゅうにしょ
ひがしのしろ
二ツ井白神IC
19 七座山
能代南IC
奥羽本線
八竜IC
三種町
もりたけ
上小阿仁村
道の駅「かみこあに」
あにまえだ
34 竜ヶ森
18 房住山
琴丘森岳IC
道の駅「ことおか」
かど
大潟村
道の駅「おおがた」
あにあい
35 森吉山
17 高岳山
16 森山
八郎潟町
はちろうがた
道の駅「五城目」
井川町
五城目町
道の駅「あに」
あにマタギ
ひたちない
秋田内陸縦貫鉄道
36 八幡平
37 焼山
38 舂岳
八幡平市
松尾八幡平IC
20 男鹿三山
男鹿線
男鹿市
おが
てんのう
潟上市
道の駅「てんのう」
道の駅「しょうわ」
昭和男鹿半島IC
秋田自動車道
秋田北IC
おいわけ
道の駅「あきた港」
馬場目岳 4
白子森
大仏岳
太平山 2 （前岳・中岳）
❶太平山（奥岳）
3 笹紫森
38 大深岳
39 大白森
39 小白森山
40 乳頭山
岩手山
41 秋田駒ヶ岳

日本海
飛島
秋田県
岩手県
山形県
由利本荘市
にかほ市
大仙市
横手市
湯沢市
羽後町
美郷町
西和賀町
東成瀬村
遊佐町
酒田市
金山町
真室川町
雫石町
仙北市
6 大平山
6 高寺山
7 高尾山
大平薬師 7
8 大平山（姫神山）
9 神宮寺岳・伊豆山
東光山 10
10 笹森山
日住山
11 勝軍山
12 保呂羽山
13 三ツ森山
14 八塩山
白山 15
月山
笹森山 42
43 薬師岳
44 和賀岳
45 白岩岳
院内岳
46 真昼岳
47 女神山
48 黒森山
48 御岳山（御嶽山）
白木峠
49 南郷岳
50 金峰山
50 真人山
51 三森山
52 南本内岳
52 焼石岳
53 雄長子内岳
54 東鳥海山
55 東山（上東山）
56 山伏岳
57 高松岳・小安岳
58 虎毛山
59 秣岳
59 栗駒山
60 神室山・前神室山
61 甑山（男甑・女甑）
62 丁岳
63 鳥海山
笙ケ岳 63
甲山
烏帽子山
日本海東北自動車道
秋田自動車道
羽越本線
奥羽本線
秋田新幹線（田沢湖線）
北上線
由利高原鉄道
道の駅「岩城」
道の駅「にしめ」
道の駅「象潟」
道の駅「おおうち」
道の駅「東由利」
道の駅「協和」
道の駅「かみおか」
道の駅「なかせん」
道の駅「雁の里せんなん」
道の駅「さんない」
道の駅「十文字」
道の駅「うご」
道の駅「清水の里鳥海郷」
道の駅「おがち」
秋田空港
秋田南IC
秋田空港IC
岩城IC
協和IC
西仙北SIC
大内JCT
本荘IC
仁賀保IC
象潟IC
大曲IC
横手IC
十文字IC
湯沢IC
須川IC
雄勝こまちIC
湯田IC
北上西IC
酒田みなとIC
酒田中央IC
酒田IC
子吉川
雄物川
皆瀬川

概説

秋田県の山

佐々木民秀

●山域の特徴

三方を1000メートル級の山々に囲まれ、残る一方を日本海に開いた秋田県は、自然の境界と行政区画がほぼ一致する地形で、その4分の3近くを山地が占めている。

岩手県と接する東方は、東北地方の脊稜をなす奥羽《おうう》山脈の連なりが県境をなし、隆起した造山型の真昼《まひる》山地などが峻険な渓谷をつくりだしている。また、八幡平《はちまんたい》や秋田駒ヶ岳《こまがだけ》、それに森吉山《もりよしざん》、栗駒山《くりこまやま》など、那須《なす》火山帯に属する火山群は、重なり合った山岳地帯を形成し、豊富な温泉源や火山現象をもつ日本有数の火山景勝地を展開させている。

青森県に接する北方の県境には白神《しらかみ》山地が連なり、藤里駒ヶ岳《ふじさとこまがたけ》や白地山《しろじやま》などの古い火山と、田代岳《たしろだけ》などの新しい火山が混じり合い、それぞれ独特の景観と植生をもっている。

山形県および一部宮城県に接する南方の県境には、丁《ひのと》山地や神室《かむろ》山地が連なり、虎毛《とらげ》山系などとともに険阻な地形を見せている。これに鳥海《ちょうかい》火山帯の主峰である鳥海山《さん》が加わり、新旧火山が連立するさまは、このエリア独特の山岳美をくり広げている。

秋田県の中央部には、奥羽山脈の西隣に白神山地と丁山地にはさまれた形で出羽《でわ》山地が走り、その南部には笹森《ささもり》丘陵が連なっている。標高の低いこの2つの丘陵性の山地に、海面より隆起した太平《たいへい》山地が直角方向に重なり、浸食された数多くの沢筋を抱く複雑な地形をつくりだしている。

一方、県内各山地を源として発するのが米代《よねしろ》川、雄物《おもの》川、それに子吉《こよし》川の三大水系である。その広大な沖積《ちゅうせき》平野は、日本有数の穀倉地帯として知られている。

秋田県内における登山対象の山々には、比較的美しいブナ林が残されている。かつて伐採された植林地以外の地域も、今日ではうっそうと茂る各種の樹木に覆われ、新緑と紅葉期はその華やかな色彩をくり広げてくれる。

内陸部の低山、ふるさとの里山は、林業の場として杉が造林された山も多いが、かつての草地など、生活色の濃い地域の雑木林も広がり、参道や境内にうっそうと茂る杉や松などの大木も見どころであったが、今日では松は虫害で全滅に近くなっている。

信仰の山々も数多く、中でも太平山《ざん》、鳥海山をはじめ、田代岳、五《ご》ノ宮岳《みやだけ》、真昼岳《だけ》、南郷岳《なんごうだけ》、東《ひがし》鳥海山、八《や》塩山《しおさん》、保呂羽山《ほろわさん》、東光《とうこう》山《ざん》、御岳山《みたけさん》、神宮寺岳《じんぐうじだけ》などの県内の代表的な信仰の山々の山頂には神社が祀られ、万一の際の避難場所としても一役をかっている。

●気象と登山シーズン

西は日本海に接し、東の県境には南北に走る奥羽山脈がある。このため、秋田県の気候は、典型的な日本海側気候となっている。また、出羽山地によって海岸部と内

太平山・旭又コースの美しいブナ林帯を行く

由利高原・桑の木台湿原から東北きっての名山・鳥海山を望む（6月）（写真＝那須正美）

陸盆地に2分されているが、海岸部は全般的に対馬《つしま》暖流の影響を受けて暖かく、積雪も少ない。内陸部は比較的高温で、降雨量も多く、とくに冬季は対馬暖流とシベリア季節風の影響で積雪が多い。

秋田県内の山々は、春遅くまで残雪があり、1000メートル級の山であっても、入山は6月に入ってからの方が無難である。梅雨期であっても日照時間が多く、よい天気が続く年もある。しかし、7月の梅雨後半になると、雨天の日が比較的多くなるが、例年、下旬には梅雨明けする。

高山植物の開花は6月中旬ごろからで、鳥海山のチョウカイフスマやニッコウキスゲ、秋田駒ヶ岳のコマクサ、八幡平のタチギボウシ、和賀岳《わがだけ》のニッコウキスゲ、森吉山のショウジョウバカマ、田代岳のミツガシワなどに代表される。焼石岳《やけいしだけ》、神室山《さん》、栗駒山なども花の名山として有名だ。

夏山シーズンが終わり、秋山シーズンの10月に入ると、天候は比較的安定する。紅葉前線は9月下旬ごろの鳥海山山頂周辺からはじまり、11月上旬ごろの里山で終わる。

10月下旬もしくは11月になると、1000メートル級の山々であっても一時天候が急変し、降雪を見る時もあり、防寒具など、装備の配慮が必要である。

田代岳山頂直下から池塘が点在する田代湿原を俯瞰する（写真＝鈴木裕子）

●登山口へのアクセス

秋田県内の1000メートル級の

山々は142山（地形図数え）ほどあるが、その大半は、林道など車道の長いアプローチを伴う特徴をもち、今日ではマイカーを利用しての登山が主流となっている。

昭和30年代ごろまでは、限られた地域の山々が一般登山の対象として登られていた。その後、造林事業が拡大されるにしたがって、これまでの軌道が車道に切り替わり、さらに奥地へと延長され、新設の林道や観光道路なども合わせ、県内の大半の山々への入域が以前に比べ極端に容易となった。折からのマイカー普及時代と重なり、従来の登山形式は一変、現在ではマイカーを利用しての登山が一般的となっている。

本書でも、大半のコースをマイカーやタクシーを利用しての日帰り登山として紹介している。ただし、八幡平、乳頭山《にゅうとうざん》、秋田駒ヶ岳、鳥海山（象潟《きさかた》口）、五ノ宮岳などは、バスや鉄道などの公共交通機関を利用しての登山も可能である。

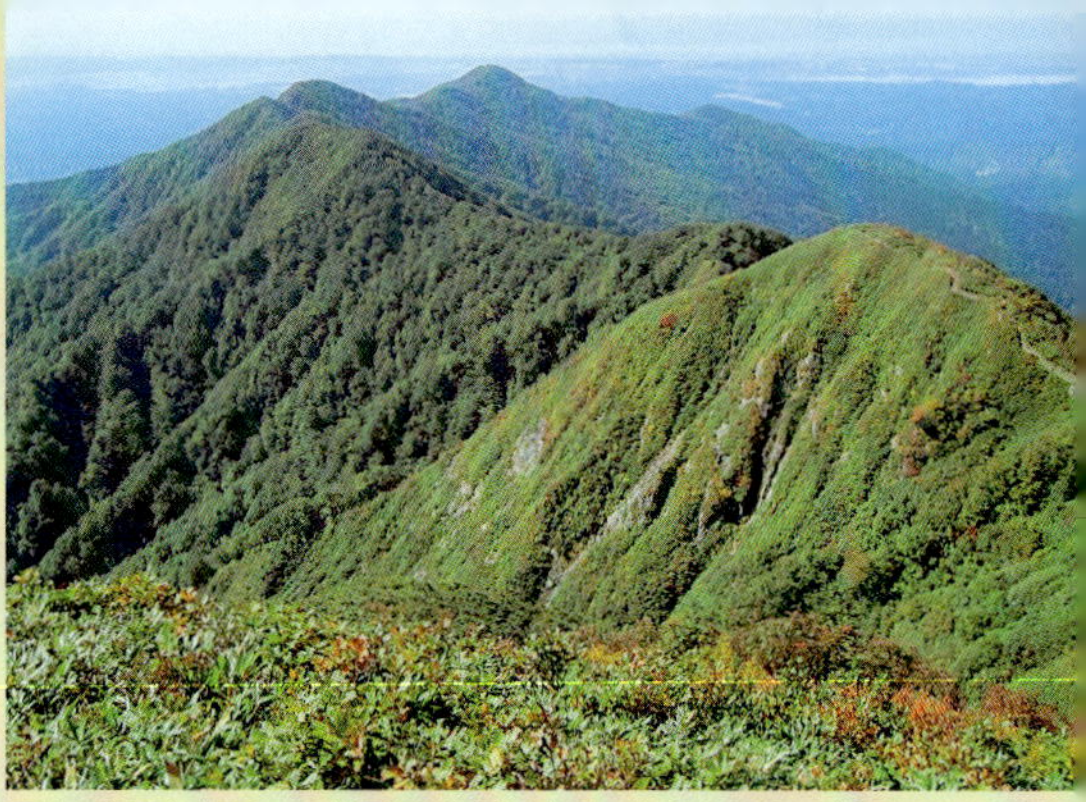

霊峰・太平山山頂から弟子還、剣岳、中岳、前岳の山並みを望む

栗駒山の青緑色に輝く昭和湖と剣山（右）

●紹介する山々

秋田県内では、一般登山者が利用できる登山道のある山は、低山の里山も含めると、120山以上あるが、本書ではその中から3分の2を超える90山ほど（脚注欄を含む）を紹介している。ただし、初版で紹介した羽後朝日岳《うごあさひだけ》、院内《いんない》岳《だけ》、奥宮山《おくみやさん》、諏訪山《すわさん》の4山は、登山道の一部消滅などにより除外。また、前回紹介した太平山地の白《しら》子森《こもり》、大仏岳《だいぶつだけ》と真瀬岳《ませだけ》は、林道の復旧が見込めず、登山道もやぶ化が進んでおり除外した。その他、縫戸山《ぬいどさん》、倉ノ山《くらやま》、柏峠《かしわ》、大台《おおだい》、大《おお》森山《もりさん》、各地域に鎮座する太平山なども紹介したかったが、誌面の都合上、割愛させていただいた。

異様な山姿の甑山・女甑。その直下にひっそりと佇む名勝沼がある

願わくば、高さのある有名山のみをくり返し登るだけではなく、県内には、古来から信仰登山として由緒ある山も数多く、新たに加わった国民の祝日「山の日」に繋んで、ふるさとの里山に親しみ、生涯登山の対象としてもっともっと利用してほしいものと思う。

●登山の注意点

●林道の利用　造林事業の終了に伴い、事業閉鎖地域の林道の荒廃が進んでいるところもある。大雪、大雨、大風などの被害で通行止めになる場合もめずらしくはなく、また、伐採作業で通行できない時

紅葉真っ盛りの馬場目岳のブナの尾根を行く

オオシラビソに覆われた森吉山・向岳を望む（石森から）

期もある。利用にあたっては、関係機関などに事前に問合せ、状況を把握しておく必要がある。また、登山者は林道を利用させてもらっていることを忘れてはならないとともに、安全運転にも気をつけたい。

●山の状況変化　本書は、2016～17年に調査した結果をもとに各コースを紹介している。調査後に状況が変化していることも予想される。登山者の少ない山岳・コースをプランする場合や、人気山岳であっても、雪解け後の早い時期、大雨の被害が発生したあとなどは、事前に最新情報をチェックしておくことを忘れないように。

●その他　秋田県内の山々では、最近里山を中心としてとくに熊の目撃が以前にくらべ異状に多い。事故も生じており、その繁殖が心配されている。ハチ、マムシ、ヒルなどとともに、被害を避ける対処法を会得しておいた方が無難である。

本書の使い方

■日程　秋田市をはじめ秋田県内の各都市を起点に、アクセスを含めて、初・中級クラスの登山者が無理なく歩ける日程としています。

■歩行時間　登山の初心者が無理なく歩ける時間を想定しています。ただし休憩時間は含みません。

■歩行距離　2万5000分ノ1地形図から算出したおおよその距離を紹介しています。

■累積標高差　2万5000分ノ1地形図から算出したおおよその数値を紹介しています。は登りの総和、は下りの総和です。

■技術度　5段階で技術度・危険度を示しています。は登山の初心者向きのコースで、比較的安全に歩けるコース。は中級以上の登山経験が必要で、一部に岩場やすべりやすい場所があるものの、滑落や落石、転落の危険度は低いコース。は読図力があり、岩場を登る基本技術を身につけた中～上級者向きで、ハシゴやクサリ場など困難な岩場の通過があり、転落や滑落、落石の危険度があるコース。は登山に充分な経験があり、岩場や雪渓を安定して通過できる能力がある熟達者向き、危険度の高いクサリ場や道の不明瞭なやぶがあるコース。は登山全般に高い技術と経験が必要で、岩場や急な雪渓など、緊張を強いられる危険箇所が長く続き、滑落や転落の危険が極めて高いコースを示します。『秋田県の山』の場合、が最高ランクになります。

■体力度　登山の消費エネルギー量を数値化することによって安全登山を提起する鹿屋体育大学・山本正嘉教授の研究成果をもとにランク付けしています。ランクは、①歩行時間、②歩行距離、③登りの累積標高差、④下りの累積標高差に一定の数値をかけ、その総和を求める「コース定数」に基づいて、10段階で示しています。が1、が2となります。通常、日帰りコースは「コース定数」が40以内で、～（1～3ランク）。激しい急坂や危険度の高いハシゴ場やクサリ場などがあるコースは、これに～（1～2ランク）をプラスしています。また、山中泊するコースの場合は、「コース定数」が40以上となり、泊数に応じて～もしくはそれ以上がプラスされます。『秋田県の山』の場合、が最高ランクになります。

紹介した「コース定数」は登山に必要なエネルギー量や水分補給量を算出することができるので、疲労の防止や熱中症予防に役立てることもできます。体力の消耗を防ぐには、下記の計算式で算出したエネルギー消費量（脱水量）の70～80%《パーセント》程度を補給するとよいでしょう。なお、夏など、暑い時期には脱水量はもう少し大きくなります。

		時間の要素		距離の要素		重さの要素
行動中のエネルギー消費量（kcal）	＝	1.8×行動時間（h）	＋	0.3×歩行距離（km）＋10.0×上りの累積標高差（km）＋0.6×下りの累積標高差（km）	×	体重（kg）＋ザック重量（kg）
		山側の情報 ―「コース定数」				登山者側の情報

＊kcalをmℓに読み替えるとおおよその脱水量がわかります

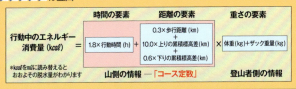

01

日帰り

天然秋田杉とブナ美林の霊峰を訪ねる

太平山①（奥岳）

たいへいざん（おくだけ）
1170・4m（1等三角点）

歩行時間＝6時間
歩行距離＝8・5km

技術度 ■■□□□
体力度 ■■□□□

コース定数＝**24**

標高差＝877m

累積標高差 ↗985m ↘985m

太平山・剣岳から主峰の奥岳（中央）を望む。左は弟子還岳、その奥に旭岳も望まれる（写真＝畠山秀雄）

太平山は役《えん》ノ行者《ぎょうじゃ》（小角《おづぬ》）の創建と伝えられ、坂上《さかのうえの》田村麻呂《たむらまろ》の東夷征討《とういせいばつ》のおり、山頂に社殿を再興するなど、歴史的背景はかなり古い。山頂には三吉《みよし》神社奥宮《おくみや》が鎮座し、開山中は全国各地からの参拝者や登山者でにぎわいをみせる。

前岳《まえだけ》、中岳《なかだけ》、剣岳《つるぎだけ》、奥岳などの連峰からなる太平山は、隣接する馬場目岳《ばばめだけ》を合わせて馬蹄《ばてい》型の山塊を形どり、その懐中に国指定の仁別《にべつ》国民の森がある。とくにうっそうと茂るブナと天然秋田杉の美林は定評があり、山全域が県立自然公園に指定されている。

奥岳へは8つほどの登山コースがあるが、ここでは平成14年に地元の山岳同好会が整備した宝蔵岳《ほうぞうだけ》コースを歩いてみよう。秋田市添川《そえがわ》地区先の仁別集落から国民の森を経てのびる林道をたどると、トイレ棟や駐車場のある終点の**旭又《あさひまた》登山口**にいたる。

駐車場から橋を渡って直進し、赤倉《あかくら》登山口先の橋を渡ると、まもなく宝蔵岳コースの**登山口**に着く。

ここから急な小尾根を登っていくと、天然杉などがうっそうと茂る道となる。要所に木段やロープが設置されている。この先、ブナ林が続いて**軽井沢《かるいざわ》コースと合流**し、さらに尾根筋を登りつめると縦走路に飛び出し、**宝蔵岳**山頂に着く。

宝蔵岳から左へ進むと難所の弟子還《でしがえり》の岩場にいたるが、稜線の左側はいっきに切れ落ちていて、強風時は要注意だ。弟子還はクサリのある3段に続く岩場で、慎重に登ること。登りきると奥岳が目の前に迫り、太平山中で最も高山の雰囲気が味わえる。

この先、山頂への急坂を登ると、眺望抜群の**太平山**（奥岳）山頂である。社殿が建ち、1等三角点がある。

山頂からは、太平山地の最高峰・白子森《しらこもり》（1179・2㍍）や鳥《ちょう》

■鉄道・バス
往路・復路＝公共交通機関の利用は不適。旭又登山口へのタクシーはJR秋田新幹線・奥羽本線・羽越本線秋田駅から。

■マイカー
秋田道秋田中央IC～地方道62号広面～同41号旭川～同15号で仁別へ。または秋田道秋田北IC～地方道72号外旭川～地方道15号で仁別へ。以下本文参照。

■登山適期
6～10月。旭又コースは残雪が遅くまであるので、ヒメシャガが開花する6月上旬からが適期。渓谷とブナ林の織りなす新緑と紅葉期、山頂参籠所泊での御来光は格別。

←萩形分岐付近からの奥岳山頂

↑奥岳山頂に建つ三吉神社奥宮。平成22年に改築された

海山《かいさん》、秋田駒ヶ岳《こまがだけ》、森吉山《もりよしざん》などが望まれる。

下山は再建された参籠所《さんろうしょ》前から旭又コースをとる。大鳥居をくぐって進むと、すぐ萩形《はぎなり》と赤倉岳《あかくらだけ》、馬場目岳方面への分岐に着く。左へつづら折りの七曲りを下ると、みごとなブナ林の続く斜面となり、やがて清水の湧く**御手洗《みたらし》**に着く。ベンチもあり絶好の休憩地だ。

この先、ブナの尾根筋の下りとなり、天然杉が現れると、やがてアヤメ坂を経て、まもなく**御滝《おたき》神社**に出る。ここから軌道跡の道となり、弟子還沢の橋を渡って杉林の中の直線の道を下りきると、往路の**登山口**に戻る。あとは往路を**旭又登山口**へ。

CHECK POINT

宝蔵岳コースの登山口。下山路の旭又コースもここで分岐する

宝蔵岳から望む弟子還と奥岳。奥岳の山頂に三吉神社が見える

清水の湧く絶好の休憩地・御手洗

旭又コースをひたすら下ると御滝神社に出る。このコースを登路にした場合は最初の休憩地となる

■アドバイス

▽仁別集落から旭又登山口まで約12キロの舗装道。

▽駐車場の橋が工事中の場合は迂回路を利用する。

▽初心者は下山路として紹介した旭又コースを往復する方が安全。

▽剱岳は奥岳を望む展望地。宝蔵岳から南西へ20分ほど。

▽渓谷美と眺望が楽しめる野田、丸舞、萩形の各コースは健脚者向き。

▽**赤倉岳**（ガラ沢岳・1093・1メートル）奥岳の北にあり、ブナ林と山頂からの眺望が楽しめる（登山口から約3時間）。

▽縦走コースには前岳～中岳～奥岳と馬場目岳～赤倉岳～奥岳があるが、健脚者向き。軽井沢コースはやぶ化がさらに進んでいる。

▽市民山開き登山は6月第2日曜日。

▽温泉は、仁別にクアドーム・ザ・ブーン（☎018・827・2301）、木こりの宿（☎018・827・2111）がある。

■問合せ先

秋田市公園課☎018・888・5753、太平山三吉神社総本宮☎018・834・3443、あさひタクシー☎018・834・5555、国際タクシー☎018・833・5931

■2万5000分ノ1地形図

太平山

＊コース図は12・13ページを参照。

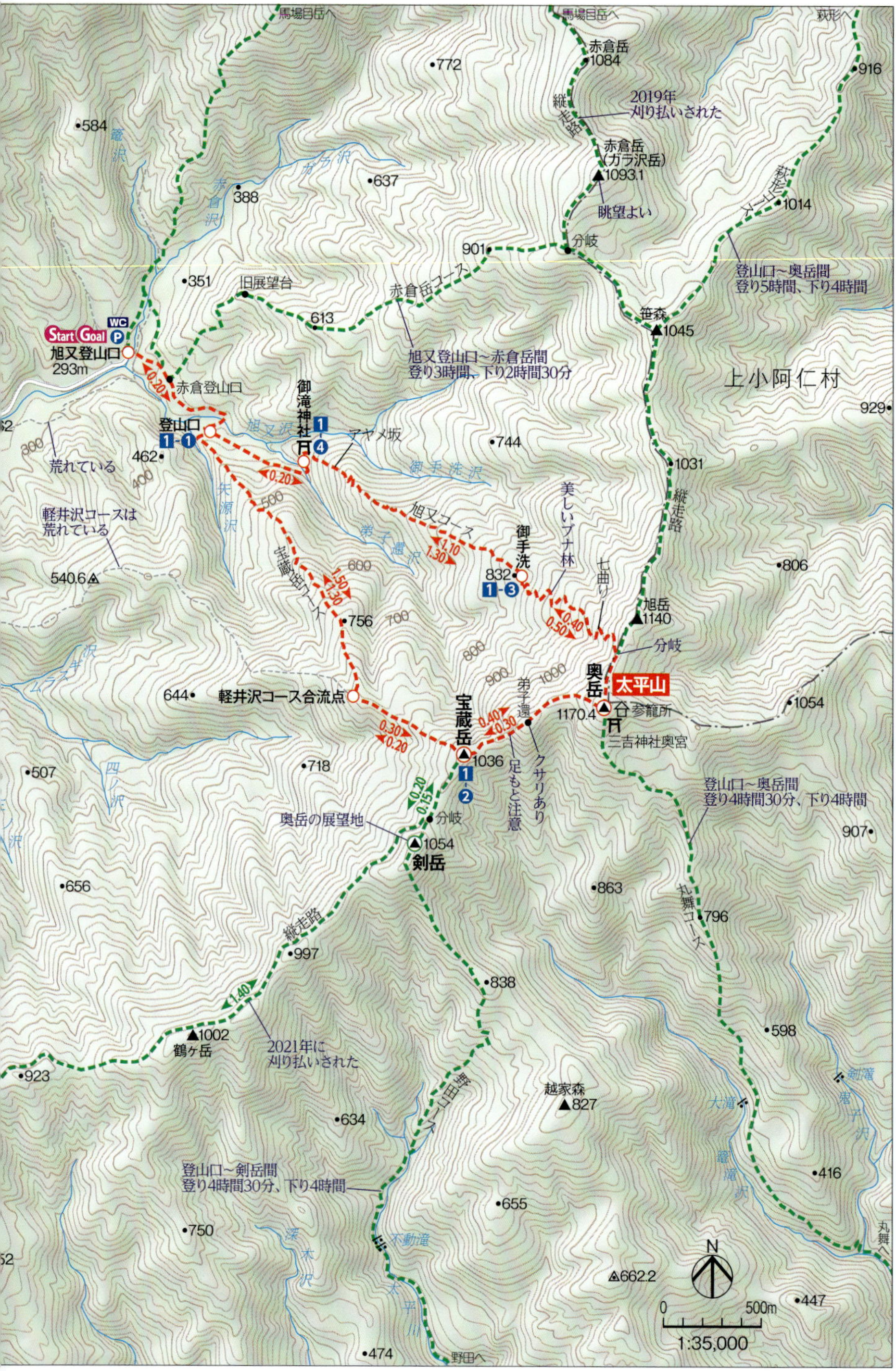
馬場目岳へ
馬場目岳へ
萩形へ
赤倉岳
1084
2019年
刈り払いされた
縦走路
赤倉岳
(ガラ沢岳)
1093.1
眺望よい
萩形コース
1014
916
772
584
388
637
901
分岐
351
旧展望台
613
赤倉岳コース
登山口～奥岳間
登り5時間、下り4時間
笹森
1045
Start Goal
WC
P
旭又登山口
293m
赤倉登山口
旭又登山口～赤倉岳間
登り3時間、下り2時間30分
上小阿仁村
929
御滝神社
登山口
旭又沢
アヤメ坂
744
462
荒れている
軽井沢コースは
荒れている
1031
御手洗沢
旭又コース
美しいブナ林
縦走路
矢源沢
弟子還沢
宝蔵岳コース
御手洗
832
七曲り
806
540.6
756
旭岳
1140
分岐
奥岳
太平山
644
軽井沢コース合流点
弟子還
1170.4
参籠所
1054
三吉神社奥宮
宝蔵岳
1036
足もと注意
クサリあり
507
718
分岐
奥岳の展望地
1054
剣岳
登山口～奥岳間
登り4時間30分、下り4時間
907
656
863
丸舞コース
796
縦走路
997
838
1002
鶴ヶ岳
2021年に
刈り払いされた
923
野田コース
598
越家森
827
剣滝
大滝
鬼子沢
634
登山口～剣岳間
登り4時間30分、下り4時間
655
竜滝沢
416
750
不動滝
丸舞へ
662.2
N
0
500m
1:35,000
447
474
太平川
野田へ

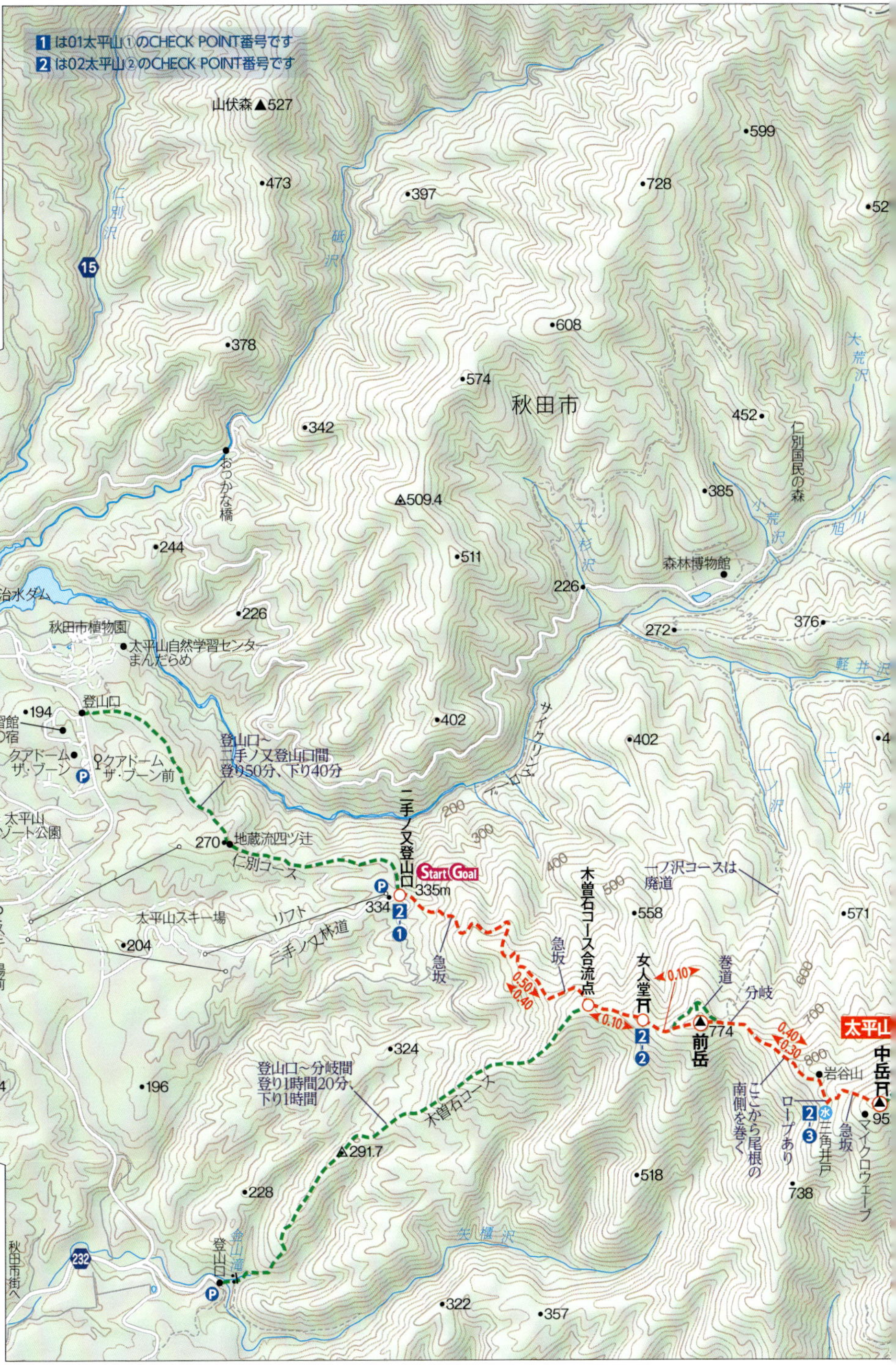

1 は01太平山①のCHECK POINT番号です
2 は02太平山②のCHECK POINT番号です
山伏森▲527
473
397
599
728
仁別沢
砥沢
15
378
608
574
秋田市
大荒沢
452
342
おつかな橋
仁別国民の森
仁別、秋田市街へ
509.4
385
小荒沢
旭川
244
511
大杉沢
森林博物館
旭川治水ダム
226
226
272
376
秋田市植物園
太平山自然学習センターまんだらめ
軽井沢
登山口
194
森林学習館木こりの宿
402
サイクリングロード
402
クアドーム ザ・ブーン
クアドーム ザ・ブーン前
登山口～二手ノ又登山口間
登り50分、下り40分
二ノ沢
一ノ沢
太平山リゾート公園
270
地蔵流四ツ辻
二手ノ又登山口
Start Goal
335m
仁別コース
木曽石コース合流点
一ノ沢コースは廃道
334
558
571
スキー場前
太平山スキー場
リフト
二手ノ又林道
204
急坂
急坂
女人堂
巻道
分岐
0.50
0.40
0.10
0.10
0.40
0.30
前岳
774
太平山
秋田市街へ
324
中岳
岩谷山
164
196
登山口～分岐間
登り1時間20分、下り1時間
木曽石コース
ここから尾根の南側を巻く
ロープあり
三角井戸
急坂
マイクロウェーブ
291.7
518
738
228
矢種沢
秋田市街へ
232
登山口
322
357

02

信仰登山をしのび、眼下に広がる眺望を楽しむ

太平山②（前岳・中岳）

たいへいざん（まえだけ・なかだけ）
774m（前岳）
951・7m（中岳・2等三角点）

日帰り

歩行時間＝3時間20分
歩行距離＝6・5km

技術度 ■□□□□
体力度 ●○○○○

←太平八田地区からの前岳（左）と中岳（中央）。均斉のとれた山姿は、まさに山麓の街のシンボルにふさわしい

←地元の山岳会により整備されたベンチのある前岳山頂。山頂を通らない道もある

コース定数	＝16
標高差	＝617m
累積標高差	↗730m ↘730m

秋田市の東北部に位置する太平山は、出羽《でわ》山地に属し、前岳、中岳、奥岳《おくだけ》などの総称であり、古来より信仰の山として知られている。秋田市街から望む山姿は、中岳を中心として均斉のとれた尾根筋を見せ、その秀麗さと、身近な山であることから、四季を問わず、多くの登山者に親しまれている。かつての信仰登山の面影も強く、木曽石《きそいし》、旧仁別《にべつ》、野田《のだ》の各参道には三十三観音などの石像が祀られており、往時をしのばせてくれる。また、山腹一帯は近年まで山麓の人々の生活色の強い産業の山として栄えてきた。

かつては前岳を神仙山《しんせんざん》、中岳を木曽吉山《きそよしさん》とよび、女人禁制の山として女人堂の名残もある。前岳、中岳への登山口は3箇所あるが、ここでは最も多く利用されている太平山スキー場リフト終点からの仁別コースを紹介しよう。

秋田市太平地区の木曽石集落先からスキー場への途中に、二手《にて》ノ又《また》林道の入口があり、ここから2・5キロほど先のリフト終点が**二手ノ又登山口**である。数台の駐車が可能なスペースと広場がある。

登山口から尾根道を行くと、ブナの根が露出した坂道があり、山腹を巻いて登ると急坂となる。この先、平坦な道となって2度目の急坂を経て山腹を巻いて登ると、右から木曽石コースが**合流**する。

■鉄道・バス
往路・復路＝JR秋田新幹線・奥羽本線・羽越本線秋田駅から秋田中央交通バスでクアドーム・ザ・ブーン前へ。二手ノ又登山口へ徒歩約50分（15ページ「アドバイス」参照）。

■マイカー
秋田道秋田中央IC～地方道62号松崎～同28号八田～県道232号で木曽石へ。または国道7号山王～秋田駅～地方道28号八田～県道232号で木曽石へ。以下本文参照。

■登山適期

中岳山頂からの奥岳(左)。右は鶴ヶ岳、その中間は剣岳(写真＝畠山秀雄)

合流点から緩いブナの尾根筋を進むと、杉木立の前に石像が並び、鳥居の建つ**女人堂**に着く。格好の休憩地で、眼下に秋田市街が広がり、鳥海山《ちょうかいさん》や男鹿《おが》半島なども眺望できる。以前は社殿や参籠所が建っていたが、平成13年に焼失、新たに小祠が祀られている。

女人堂から尾根筋を少し進むと分岐がある。右は平成21年にかつての参道を再興させてもので、直接**前岳**山頂にいたる。左は前岳直下の北側を巻き、すぐ先の分岐で小尾根を登ると前岳山頂に出る。

この先、鞍部に出ると左から廃道となった一《いち》ノ沢《さわ》コースが合流し、少し進むと尾根筋の南側を巻く道となる。やがて二十七番観音像の立つ岩谷山《いわやさん》、そのすぐ先で清水の湧く三角井戸《さんかくいど》に着く。

ここから急登の連続となり、登りきって少し進むと2等三角点(破損)と木曽吉山神社の建つ眺望抜群の**中岳**山頂である。山頂から望む奥岳は神々しく、県南部の山々などが見わたせる。

下山は往路を戻る。

CHECK POINT

1

二手ノ又登山口。駐車場は右側、手前に太平山スキー場の広場がある

2

女人堂。眺望のよい休憩適地で、焼け跡に小祠が祀られている

3

清水の湧く三角井戸。剣で掘ったという伝説がある

4

中岳山頂。木曽吉山神社の後方から奥岳方面を望むことができる

5月下旬～11月上旬。往時をしのびながら、新緑・紅葉期のブナ林と眺望を気軽に楽しめる。また市街地に近く、四季を問わずトレーニングとしても最適。

■アドバイス

▽**木曽石コース** 金山林道終点のあずまやのある駐車場が登山口。すぐ先に金山滝があり、尾根筋の参道に並ぶ三十三観音像に往時をしのびながら登る（女人堂まで約1時間30分）。山麓に木曽石三吉神社がある。

▽**仁別コース** ザ・ブーン北側駐車場前が登山口。雑木林などの尾根筋を登って二手ノ又登山口に合流（約50分）。

▽山麓にスキー場や植物園、トレーラーハウス、オートキャンプ場、温泉などの総合レジャー施設・太平山リゾート公園がある。

▽温泉は、仁別にクアドーム・ザ・ブーン（☎018・827・2301）、木こりの宿（☎018・827・2111）がある。

■問合せ先

秋田市公園課☎018・888・5753、秋田中央交通（バス）☎018・823・4413、あさひタクシー☎018・834・5555、国際タクシー☎018・833・5931

■2万5000分ノ1地形図

太平山・松原

＊コース図は12・13㌻を参照。

03

往時の「お山かけ」を求めて、1日2山を楽しむ

筑紫森・岩谷山

つくしもり
いわやさん

392m
365・8m（4等三角点）

日帰り

Ⓐ筑紫森　歩行時間＝1時間35分　歩行距離＝1・8km
Ⓑ岩谷山　歩行時間＝1時間10分　歩行距離＝2・2km

技術度（Ⓐ2/3）
技術度（Ⓑ1/3）
体力度（Ⓐ1/2）
体力度（Ⓑ1/2）

コース定数＝Ⓐ6Ⓑ6

標高差＝Ⓐ261mⒷ239m

累積標高差　Ⓐ↗286m　↘286m
　　　　　　Ⓑ↗280m　↘280m

旧憩いの森の畑地からの筑紫森。正面の斜面を登って行く

砂子渕付近からの岩谷山。山頂右の岩峰からの眺望は抜群

秋田県のほぼ中央部に位置する河辺《かわべ》・岩見三内《いわみさんない》地区に、ツクシに似た尖峰の筑紫森と、摺鉢《すりばち》を伏せた形の岩谷山がある。相反する山姿で隣り合せで並ぶ2つの小高い山は、古来からの信仰の山で、背後に鎮座する太平山詣《たいへいざんもう》での「お山《やま》かけ」として、地元のみならず、遠く県外からの参詣者で栄えてきたという。山裾には岩見ダムや殿《との》渕《ぶち》、岨谷《そうや》峡、健康ランド・ユフォーレなどの行楽地もあり、県立自然公園として利用者も多い。

Ⓐ筑紫森　登山口は国道13号の和《わ》田《だ》地区から県道308号河辺阿《あ》仁《に》線に入り、集落の終点・砂子渕《すなこぶち》の少し先にある。県道と分かれて案内板の立つ林道を進むと旧憩いの森広場に出、畑地を越すと駐車地と案内板のある**登山口**に着く。

登山口すぐ先の水場をすぎると道は2分し、右の道は小尾根を登って上部で合流する。左の広い道を行くとアカマツの茂る緩い登りとなり、ナラ林に変わると小尾根に出る。この先、杉とアカマツの参道となり、右からのコースと合流。すぐに**裏参道との分岐点**に着

■鉄道・バス
往路・復路＝公共交通機関の利用は不適。Ⓐ、Ⓑともに登山口へのタクシーはJR奥羽本線和田駅から。

■マイカー
Ⓐ、Ⓑ＝秋田道秋田南IC～国道13号和田、または同秋田空港IC～地方道61号～国道13号和田から県道308号へ。以下本文参照。

■登山適期
4月下旬～11月上旬。両山ともに里山で、新緑期、紅葉期には山裾の河北湖・ダム公園や岩見渓谷と併せて楽しめる。

■アドバイス
▽国道13号から砂子渕まで13㌔。
▽天狗ノ油こぼしは巻道がある（Ⓐ）。
▽三十三観音巡りコースは、岩壁直下を横切って登る参詣道。立ち並ぶ観音像に往時をしのぶことができる。ただし、山頂直下のロープの張られた急斜面と落石には要注意（Ⓐ）。
▽筑紫森の岩脈は国の天然記念物に指定されている。
▽岩谷山表参道は、砂子渕の赤い鳥居が登山口。少し先の岩谷山神社から杉林を進んで小尾根に出、ここから雑木林の急斜面を登り続けて山頂にいたる。直下の穴薬師隣の急斜面は足もとに要注意（Ⓑ）。
▽温泉は、岩谷山登山口にユフォーレ（☎018・884・2111）、岩見三内に岩見温泉交流センター（☎

く。右の裏参道は通行禁止だ。

ここから表参道を登るが、すぐ先で直進する三十三観音巡りのコースと分かれ、右手側岩場の登りとなる。クサリ場と天狗《てんぐ》ノ油《あぶら》こぼしを越すと横臥柱状節理《おうがちゅうじょうせつり》の岩が階段状となって、すぐ筑紫森神社の鎮座する**筑紫森**山頂である。北側から三十三観音巡りのコースが合流する。狭い山頂からは隣の岩谷山がすぐ眼前に、背後には太平連峰が雄大に広がる。

Ⓑ岩谷山　2つある登山コースのうち、平成15年に新設されたユフォーレ側からのコースを紹介する。丸舞登山口へ向かう入口のすぐ先で、県道からユフォーレへの車道を進むと、バーベキューハウスに着く。ここがトイレのある**登山口**だ。

ハウスの右端からナラ林の緩い尾根道を進むと、杉林の中の道となり、杉林と分かれて大きく右へカーブすると雑木林の斜面を横切る道となる。アカマツの茂る尾根筋を眼下に、ユフォーレを眺めながらつづら折りの急登となり、登りきると4等三角点の**岩谷山**山頂である。反対側から岩谷山神社からのコースが合流し、背後に太平山が望まれる。少し先にある岩峰からは、眼下に広がる岩見三内方面の眺望がすばらしい。

下山は往路を戻る。

CHECK POINT

Ⓐ筑紫森

案内板の立つ筑紫森登山口。すぐ先に水場がある

小さな筑紫森神社が鎮座する筑紫森山頂。背後は太平連峰

Ⓑ岩谷山

登山口のバーベキューハウスからの山頂。ハウスの右横を行く

岩谷山山頂隣の岩峰から、眼下に岩見三内地区を望む

018・883・2020）がある。

■問合せ先
秋田市河辺市民サービスセンター☎018・882・5421、高尾ハイヤー☎018・839・2231

■2万5000分ノ1地形図
岩見三内

太平山・中岳から対峙する馬場目岳（中央）と1001峰（右）（写真＝畠山秀雄）

04

馬場目岳

太平連峰や男鹿半島の眺望を楽しむ

ばばめだけ
1037・5m（3等三角点）

日帰り

歩行時間＝4時間20分
歩行距離＝7・5km

技術度
体力度

コース定数＝20
標高差＝745m
累積標高差 895m 895m

太平《たいへい》山地の西端に位置する馬場目岳は、隣接する太平山《ざん》と馬蹄《ばてい》型の山塊をなし、その最端に緩やかな山頂を形どって、日本海側に立ちはだかっている。その懐中には国が指定した仁別《にべつ》国民の森があり、太平山とともに県立自然公園に指定されている。山頂脇の窪地には、馬の守護神である相染《そうぜん》神の石祠があり、かつてこの山が馬の守護山として信仰を集めていたことがしのばれる。

馬場目岳への登山道は3コースあるが、ここでは最も多く利用されている旭又《あさひまた》コースを登ってみよう。秋田市添川《そえがわ》地区から仁別を通り、さらに渓谷沿いに遡り、仁別国民の森を経て終点の旭又へ。ここには駐車場、トイレ、案内板などがある。

避難小屋の建つ馬場目岳山頂からの太平山・奥岳とその連峰を望む

駐車場横の橋を渡ると、すぐに指導標の立つ**旭又登山口**だ。直進すると太平山へ、左をとってキャンプ場跡地を通り、コンクリート橋を2度渡

■鉄道・バス
往路・復路＝公共交通機関の利用は不適。旭又登山口へのタクシーはJR秋田新幹線・奥羽本線・羽越本線秋田駅から。

■マイカー
秋田道秋田中央ICから地方道62・41号経由、または国道7号・地方道26・28号を経て地方道15号終点の仁別から車道終点の旭又へ。秋田駅から約1時間、仁別から約12㌔の舗装道を約30分進む。

■登山適期
6～10月。中腹に美しいブナ林があり、新緑・紅葉期が見ごろ。避難小屋から眺められる日本海に沈む夕陽も格別。

■アドバイス
▽旭又の木橋は崩落している。迂回路はトイレの裏からのびており、第一コンクリート橋先で合流。平成30年度に架け替え予定。
▽**銀ノ沢口**　五城目・杉沢最奥の茅葺き屋根の並ぶ北ノ又集落先の光沢林道終点・光沢園地から登る。造林杉と幼齢のブナ林が見どころ。山頂まで2時間30分。
▽赤倉岳を経て太平山にいたる縦走コースは、この山中の圧巻であるが、健脚者向き。赤倉岳（ガラ沢岳）まで3時間。
▽温泉は、仁別にクワドーム・ザ・ブーン（☎018・827・230

CHECK POINT

旭又駐車場。トイレの裏に迂回路がある。大半の登山者は太平山へ

2つ目の橋を渡るとすぐ分岐で、この先尾根筋の登りとなる

赤倉分岐直下の美しいブナ林を登っていく

右から赤倉岳、太平山からの縦走路が合流する赤倉分岐

山頂直下の小湿原を行く。変形した杉群生地に入るとすぐ山頂だ

ると、**作業道との分岐**に着く。

　分岐で作業道跡を左に見送って杉林の急坂を登ると、1001メートル峰から張り出した尾根上に出て、平坦な道となる。この先も杉林の登りが続き、東斜面を巻くようになると**天然杉**の茂る場所に着く。

　この先、みごとなブナ林の中の登りが続き、ブナ帯上部で道は二股となる。**赤倉《あかくら》分岐**で、太平山の奥岳《おくだけ》や赤倉岳《だけ》からの縦走路が右から合流している。ここから左へ山腹を巻きこんで進むと、ブナ林の主稜線に出、すぐ右下に小沢のある鞍部《あんぶ》にいたる。

　この先、道は登りとなり、灌木帯になると、イヌツゲやシャクナゲの茂る眺望のよい小さなピークに出、ここを越すと目指す山頂はすぐ眼前である。

　主稜線上の杉の老木をくぐると、小湿原と風雪でハイマツ状に変形して生育した杉の群生地に出る。杉群生地のすぐ先に避難小屋があり、すぐ隣が**馬場目岳**山頂である。馬の守護神を祀る山頂には標柱と3等三角点があり、360度の眺望が可能で、太平連峰と森吉《もりよし》山《ざん》など阿仁《あに》マタギの山々、男鹿《おが》半島と八郎潟《はちろうがた》干拓地、そして眼下には仁別国民の森の樹海などが望まれる。

　下山は往路を戻る。

1）がある。

■問合せ先

秋田市公園課☎018・888・5753、五城目町商工振興課☎018・852・5222、あさひタクシー☎018・834・5555、キングタクシー☎018・862・6677

■2万5000分ノ1地形図

太平山・天上倉山

05

登山界にデビューした太平山地の静かな山

大石岳

おおいしだけ
1058・8m（2等三角点）

日帰り

歩行時間＝5時間20分
歩行距離＝5・5km

技術度
体力度

コース定数＝20
標高差＝765m
累積標高差 795m 795m

↑西木町西明寺地区から望む大石岳。太平山地の最東端に位置し、平坦な山容が特徴

→広く平坦な山頂から大仏岳（左）と森吉山（右）を望む

太平《たいへい》山地の東方南端部に位置する大石岳は、「西根岳《にしねだけ》」ともよばれ、東側の仙北《せんぼく》市と西側の秋田市方面から、特徴あるテーブル型の平坦な山姿を望むことができる。山名の由来は、坂上田村麻呂《さかのうえのたむらまろ》に滅ぼされた山麓の賊軍・大石丸《まる》の伝説によるという。山域一帯は北に隣接する大仏岳《だいぶつだけ》とともに、かつては林業や狩猟の場として生活色の濃い山で、登山対象の山としては、残雪期以外は縁遠い存在であった。

一般的に登られるようになったのは平成14年ごろからで、かつての測量や植林によって開かれた歩道が再整備され、一般登山が可能となった。また、山頂周辺のブナやミヤマナラ林などは、特定植物群落として指定され、保護されている。

大石岳へは、国道46号角館《かくのだて》から阿仁《あに》への国道105号に入り、下《しも》桧木内《ひのきない》・長戸呂《ながとろ》集落を経て下田《しもだ》集落先からのびる西ノ又《にしのまた》林道の終点から登る。林道終点が**登山口**。

■**鉄道・バス**
公共交通機関の利用は不適。タクシーはJR秋田新幹線・田沢湖線角館駅か秋田内陸縦貫鉄道羽後長戸呂駅（本数少ない）から。

■**マイカー**
国道46号角館から国道105号で長戸呂へ。または国道285号森吉から国道105号で長戸呂へ。以下本文参照。

■**登山適期**
6〜10月。中腹から山頂一帯にかけ、新緑と紅葉期のブナ林は見ごたえがあり、とくにブナとササの二層林は定評がある。

■**アドバイス**
▽下田集落先の西ノ又林道は駐車地・登山口まで約2キロの砂利道。登山道の状況と併せ当該自治体に要問合せ。
▽登山道は長年やぶの刈り払いがされていないが、目印の赤テープがつけられている（健脚者向き）。
▽八津鎌足集落にカタクリ群生地がある。4月下旬が見ごろ。
▽温泉は、西木庁舎近くに西木温泉ふれあいプラザクリオン（☎0187・47・2010）がある。

■**問合せ先**
仙北市西木庁舎☎0187・43・2200、仙北市西木町観光案内所☎0187・42・8480、角館観光タクシー☎0187・54・1144、

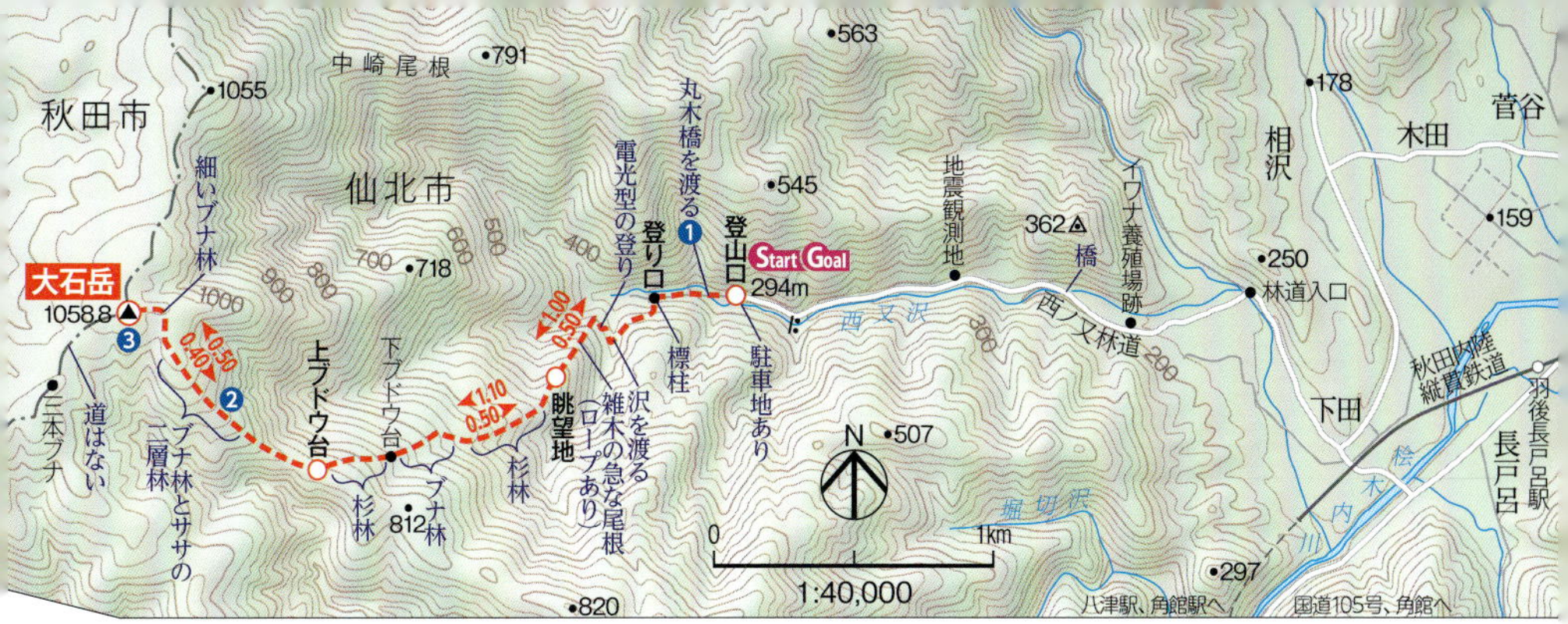

CHECK POINT

林道終点の登山口から地元の山岳会が設置した丸木橋を渡る

山頂直下に広がるブナとササの美しい二層林

平坦な山頂に地元の山岳会が2019年に設置した標柱と2等三角点がある。やぶ越しに秋田駒ヶ岳や八幡平方面が望まれる

—近くにある山—

院内岳《いんないだけ》 750・6m（2等三角点）

田沢湖外輪の主峰。仙北市田沢湖岡崎地区の上院内を経て辰子姫伝説の大倉神社から登る。薬師峠まで1時間。また、田沢湖側の大沢集落先の林道からは40分で峠にいたる。なお、峠から山頂への道は廃道となっている。

薬師峠には「峰の三薬師」のひとつ院内薬師が祀られている。他の2つは白岩岳に白岩薬師、楸森（ぶなもり）からの稜線上に山谷薬師がある。

登山口から左に降り、丸太橋を注意しながら対岸に渡り、林道跡を少し進むと、左に標柱の立つ登山コースの入口がある。うっそうと茂る杉林の斜面を巻き、小沢を渡って電光型に斜面を登ると尾根上に出る。この先、雑木林の急な尾根を登っていくと視界が広がり、秋田駒ヶ岳《こまがだけ》などが望まれる**眺望地**に出る。続いて杉林を越すとブナ林の急登が続いて下《しも》ブドウ台《だい》にいたり、さらに杉の造林地を登ると、主稜線上の**上《かみ》ブドウ台**に出る。

上ブドウ台から凹地を進むと、左手側がブナとササの美しい二層林の続く主稜線上の登りとなる。細いブナの密生する平坦な道を行き、大きく左へ回りこむと2等三角点の**大石岳**山頂である。

平坦で広い山頂一帯は、背丈ほどのナナカマドやツゲ、ササなどが茂り、八幡平《はちまんたい》や大仏岳、森吉山《もりよしざん》、秋田駒ヶ岳などの山頂部のみが眺望できる程度だ。

山頂から北西への道は廃道、北隣のピーク西側の杉木立は、藩政末期に河辺《かわべ》側から越えてきた山伏の喜ヱ門屋敷跡と言い伝えられるが、道はない。

下山は往路を戻る。

平和観光タクシー☎0187・54・3333

■2万5000分ノ1地形図
下桧木内

06

山麓に広がる展望と、街道に往時をしのぶ

大平山・高寺山

たいへいざん
たかでらさん

273.0m（3等三角点）
170m

日帰り

Ⓐ大平山　歩行時間＝1時間15分　歩行距離＝2.5km
Ⓑ高寺山　歩行時間＝1時間15分　歩行距離＝2.2km

技術度
技術度
体力度
体力度

コース定数＝Ⓐ5Ⓑ5

標高差＝Ⓐ170m Ⓑ147m

累積標高差　Ⓐ 213m 213m　Ⓑ 181m 181m

↑国道13号・刈和野バイパスからの大平山（中央）。左端は前黒森山の展望台

←前黒森山展望台からの仙北平野と姫神山方面の眺望

Ⓐ大平山　大仙《だいせん》市のJR奥羽《おうう》本線刈和野《かりわの》駅のすぐ北側に位置している。国道13号を大曲《おおまがり》・神宮寺《じんぐうじ》方面から北上して刈和野地区に近づくと、正面に山頂部に杉が茂った端正な山容の小さな里山だ。かつては雑木林の山で、放牧など生活色の濃い信仰対象の山であったが、今日では中腹から山頂近くまであった放牧場も近くに移され、気軽に楽しめる里山となった。また、登山口のすぐ近くに温泉施設の「ぬく森《もり》温泉ユメリア」があり、レクリエーションの森として市民に親しまれている。山名は、太平山《たいへいざん》信仰の分霊社を祀ったことに由来し、古名を黒森山《くろもりやま》とよぶ。山頂には黒森三吉《みよし》神社が祀られている。

刈和野駅のすぐ北を走る国道13号沿いにユメリアへの案内板があり、国道から分かれて進むと、放牧場看視舎の建つ分岐に着く。ここから左への車道を進むと、大駐車場のある「ぬく森温泉ユメリア」に着く。

ユメリアの少し手前に案内板の立つ**登山口**があり、車止めから明るい山腹の狭い林道を進むと、前《まえ》黒森山との分岐があり、さらに進むと尾根伝いに前黒森山にいたる**分岐**に着く。この先、雑木林を登

■**鉄道・バス**
公共交通機関の利用は不適。Ⓐ、Ⓑともに登山口へのタクシー（要予約）はJR奥羽本線刈和野駅から。
■**マイカー**
Ⓐ、Ⓑ＝秋田道西仙北IC～地方道10号～国道13号刈和野へ。以下本文参照。
■**登山適期**
4月下旬～11月上旬。大平山の展望台から望む仙北平野が黄金色に染まる秋、里山に広がる新緑は見ごたえがある。往時をしのぶ高寺山は、時期は問わない。
■**アドバイス**
▽高寺山山頂の北隣に170・3メートル3等三角点があるが、道はない。前沢からの参道はやぶ化が進んでいる。
▽温泉は、登山口にあるぬく森温泉ユメリア（☎0187・87・3100）がある。
■**問合せ先**
大仙市西仙北支所☎0187・75・1111、大仙市協和支所☎018・892・2111、新昭和タクシー☎0187・75・1038
■**2万5000分ノ1地形図**
刈和野・刈和野東部

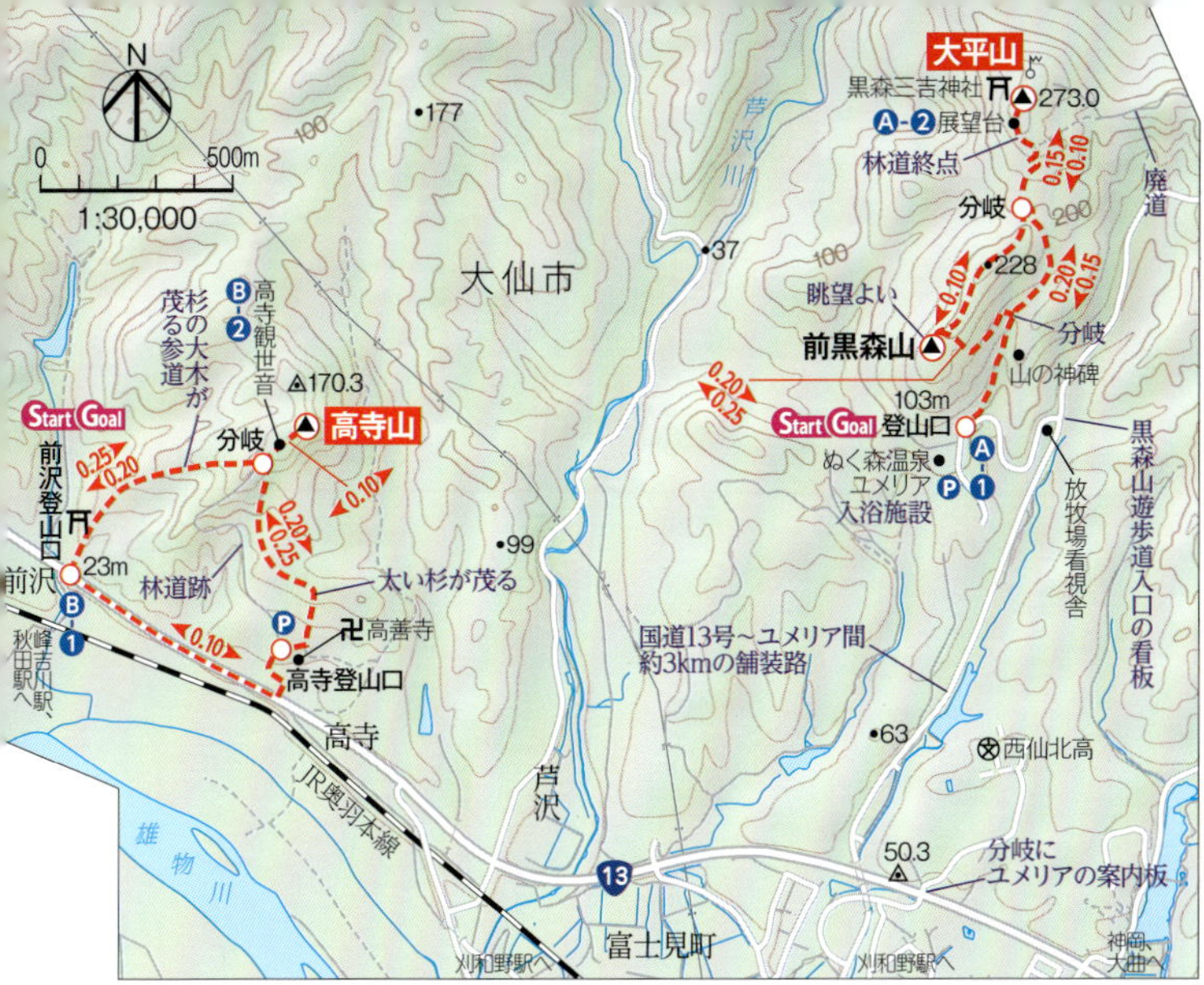

ると林道終点となり、すぐ先で階段を登ると展望台が広がり、あずまやの建つ展望台に着く。出羽《でわ》山地と仙北《せんぼく》平野が雄大に広がる風景は圧巻だ。

ここから緩い草地の尾根道を少し進むと、杉木立に囲まれた神社と電波塔、3等三角点などのある**大平山**山頂である。

下山は先ほどの**分岐**から右への明るい尾根筋を行く。尾根の末端が**前黒森山**山頂で、草地の広い山頂はベンチやあずまやがある仙北平野を望む大展望台だ。ここから山腹を巻いて最初の分岐に出、**登山口**に戻る。

Ⓑ高寺山　大平山の西隣に位置する高寺山へは、刈和野駅と峰吉川《みねよしかわ》駅との中間地である国道13号沿いの前沢《まえさわ》と高寺の集落にそれぞれ登山口がある。山頂には馬頭《ばとう》観音《かんのん》を祀るりっぱな社殿が建ち、羽州《うしゅう》街道として栄えた往時の面影を充分残している。

前沢の国道脇、馬頭観音の看板がある場所が**前沢登山口**だ。少し先の神社脇の太い杉と松が茂る参道を登って山頂へ向かうが、残念ながら松は虫害で全滅している。

高寺への**分岐**を越すと山門と社殿に着く。社殿の裏側から杉林を少し登ると観音堂跡の石碑がある**高寺山**山頂である。

下山は先ほどの**分岐**から左へ入るとすぐ林道終点跡があり、ここから左へ急坂を下る。この先うっそうと茂る太い杉木立を通って高《こう》善寺《ぜんじ》に出ると、**高寺登山口**である。国道を歩いて**前沢登山口**に戻る。

CHECK POINT

Ⓐ大平山

1 案内板の立つ大平山の登山口。駐車場はユメリアを利用

▼

2 大平山山頂近くの展望台。前方の杉林が神社の建つ山頂だ

Ⓑ高寺山

1 馬頭観音の看板と御膳水跡のある高寺山・前沢登山口

▼

2 高寺山山頂直下に建つ高寺観世音の社殿

07

高尾山・大平薬師

展望抜群の憩いの山と里人の信仰の山

たかおさん　383m
たいへいやくし　424.0m（2等三角点）

日帰り
Ⓐ高尾山　歩行時間＝1時間　歩行距離＝1.8km
Ⓑ大平薬師　歩行時間＝1時間10分　歩行距離＝2.1km

技術度　体力度
技術度　体力度

コース定数＝Ⓐ4 Ⓑ5
標高差＝Ⓐ117m Ⓑ225m
累積標高差　Ⓐ↗140m ↘140m　Ⓑ↗247m ↘247m

雄物川からの雄和女米木地区と高尾山（右）大平薬師（左）

高尾山の広場から集落を流れる雄物川と真昼山地を望む

秋田市の南部、旧雄和《ゆうわ》町のシンボルとして古来から山里の人々に親しまれてきた高尾山は、雄物《おもの》川のすぐ南隣の女米木《めめき》地区にあり、隣接する大平薬師と並んで2つの峰を成している。市の郊外からは、アンテナ塔の目立つ緩やかな山姿で望まれる。

高尾山山頂には高尾神社奥宮《おくみや》が祀られ、直下の一帯には広場や遊歩道、あずまや、休憩所などが整備されている。とくに眼下に広がる眺望は抜群で、昭和47年に県民レクリエーション地域に指定されて以来、多くの人々に憩いの場を提供し、その人気は高い。

最高地の大平薬師には大平薬師や保食《うけもち》の神社が祀られ、古来から山里の人々の信仰を篤くしている。

Ⓐ高尾山　高尾山へは山裾の女米木地区から国道341号に入る。入口には高尾山への案内板があり、山頂広場まで3キロほどの狭い国道を行く。広場には**駐車場**やトイレなどがあり、すぐ先に案内板や赤い鳥居の立つ登山口がある。

鳥居をくぐってうっそうと茂る杉林の参道を進むと、急な石段の登りとなる。石段の左手には、今日では大変珍しい女人禁制時代の石碑「自是不可登女」が残る。

この先緩い石段が続き、御手洗《みたらし》を越して進むと杉木立に鎮座する

■**鉄道・バス**
公共交通機関の利用は不適。Ⓐ、Ⓑともに登山口へのタクシー（要予約）はJR奥羽本線四ツ小屋駅から。秋田市マイタウンバスが運行しているが、便数が少なく、登山口までの距離も長い。

■**マイカー**
Ⓐ、Ⓑ＝日本海東北道秋田空港ICから地方道46号雄和・地方道9号女米木を経て国道341号へ。または秋田道協和ICから国道341号を高尾山へ。以下本文参照。

■**登山適期**
4月下旬～11月上旬。緩やかに流れる雄物川周辺の田園風景や太平山地と奥羽の山々など、広場から眺める絶景は四季を問わない。

■**アドバイス**
▽**銅屋から高尾山へ**　銅屋起点の林道小杉前線途中に登山口があり、不動ノ滝から滝ノ沢道を登って広場からの林道終点に出て山頂へ（登り約1時間30分）。途中、大平古道（旧参道）の迂回路もある（Ⓐ）。
▽**電波塔から高尾山へ**　塔から作業道を5分ほど進んで山頂へ（Ⓐ）。
▽**広場から大平薬師へ**　岩城側へ国道を少し進むと登山口（少し先に駐車場がある）があり、雑木や杉林を登って山頂へ（駐車場から登り約25分・Ⓑ）。
▽高尾山登山口の広場にある休憩所

高尾神社奥宮・**高尾山**山頂である。

神社から北への尾根筋を少し進むと、秋田市街方面を望む展望台に着く。この先雑木林の木段を下ると、広場からのびる**林道終点**に出る。ここから林道をオリワタ沼を経て**駐車場**の広場に戻る。

Ⓑ大平薬師　大平薬師へは、高尾山登山口の広場から国道を岩城《いわき》側へ少し進むと登山口があるが、ここでは東面の番屋《ばんや》集落から古くからあった参道を紹介しよう。

番屋から林道西《にし》ノ又《また》線に入ると集落の外れに鳥居があり、この先砂利道を2キロほど進んだ終点の駐車場に**登山口**がある。

登山口にある鳥居から杉林を進むと電光型の急傾面の登りとなり、登りきると尾根筋に出る。ここにも鳥居があり、右折するとすぐ先に馬頭観音《ばとうかんのん》を祀る**保食神社**がある。

この先を少し進むと薬師や観音を祀る神社が建ち、2等三角点のある**大平薬師**山頂であるが、杉林でかつての眺望は期待できない。

下山は往路を**登山口**に戻る。

CHECK POINT

Ⓐ高尾山

赤い鳥居と案内板がある高尾山登山口

杉木立の高尾山山頂に建つ高尾神社奥宮

Ⓑ大平薬師

大平薬師の登山口にも赤い鳥居が立っている

大平薬師山頂。薬師堂と観音堂が建っている

の利用は予約制（Ⓐ）。

▽温泉は、神ケ村地区にふるさと温泉ユアシス（☎018・887・2575）がある。

■問合せ先
秋田市観光振興課☎018・888・5602、高尾ハイヤー☎018・839・2231（秋田市マイタウンバスも）

■2万5000分ノ1地形図
新波

08

街のシンボル、神宿る憩いの里山

大平山（姫神山）

たいへいざん（ひめがみやま）
387・3m（3等三角点）

日帰り

歩行時間＝1時間5分
歩行距離＝1・5km

技術度

体力度

コース定数＝5

標高差＝206m

累積標高差 220m 220m

雄物川河川敷公園から望む大平山（左）と姫神公園（右中腹）

大平山は大仙《だいせん》市大曲《おおまがり》市街のすぐ西に位置し、その裾野を流れる雄物《おもの》川と南側を横断する国道105号にはさまれた低山の連なる姫神火山群の主峰である。その尖った山容は、仙北《せんぼく》平野のどこからでも望まれ、地元では姫神山または神宮寺岳を含め西山《にしやま》とも通称されている。

大平山の中腹には、平安末期に創建されたといわれる薬師《やくし》神社が祀られ、その参道には西国《さいごく》三十三観音像が並び、往時の面影をとどめている。山頂には太平山《たいへいざん》の分霊社・三吉《さんきち》神社が祀られ、数多くのアンテナ塔やその施設が林立している。眺望は一部分しか期待できないが、大曲市街や神宮寺《じんぐうじ》方面が望まれる。

薬師神社参道との分岐付近からの大曲市街

ここでは、最も楽に登れる蛭川《ひるがわ》からのコースを紹介しよう。

大曲市街から国道105号に入り、大曲大橋を渡ってすぐ右の市道を蛭川集落に向かう。集落の石切場の少し先から左へ林道をたどり、途中に建つ薬師神社の大鳥居を越して進むと、駐車場と案内板の立つ旧キャンプ場に着く。ここが**蛭川登山口**となる。

蛭川登山口から広い道を進み、山腹を巻くと**姫神公園からの分岐**

■鉄道・バス

往路・復路＝公共交通機関の利用は不適。蛭川登山口へのタクシーはJR秋田新幹線・奥羽本線・田沢湖線大曲駅から。

■マイカー

秋田道大曲ICから国道105号経由で蛭川、または国道13・105号経由で蛭川へ。以下本文参照。

■登山適期

4月下旬〜11月上旬。新緑・紅葉期を問わず、積雪がなければ通年登山は可能。とくに黄金色に染まる仙北平野の眺望は圧巻で、山麓の姫神公園と併せて楽しめる。

■アドバイス

▽蛭川集落入口から登山口まで2キロほどの舗装路と砂利道。

▽薬師神社からの参道は、鳥居をくぐって神社裏から杉林を通り、姥杉の先から天然杉の急坂を登って姫神公園からのコースと合流し、山頂にいたる。なお、急坂にはロープがあるがすべりやすいので要注意。登山口・大鳥居（50分）大平山。

▽姫神公園から尾根筋をたどるコースは5箇所ほどの急な擬木の階段を登って山頂にいたる。登山口（1時間10分）大平山。

▽温泉は、神宮寺郊外にかみおか温泉嶽の湯（☎0187・87・1700）がある。

■問合せ先

に出る。ここから左へ擬木の階段が続く尾根道となり、ばっけ杉の分岐にいたる。巨木のばっけ杉は下山時に立ち寄るとよい。近年、ばっけ杉を通らず急な尾根を登って山頂に至る道が開設されている。

この先、さらに擬木の階段が続き、眺望が大きく広がる尾根筋を大曲市街を眼下に、奥羽《おうう》の山々や仙北平野を眺めながら登る。ここは山中で最も眺望が秀でたところだ。

擬木の階段が終わるとまた分岐があり、左から薬師神社からの参道と合流する。この先、太い杉木立を登ると三吉神社があり、すぐ先がアンテナ塔の林立する**大平山**山頂である。アンテナ塔の西端近くに2等三角点があり、直登コースもある。

下山は往路を戻る。

大仙市観光交流課☎0187・63・1111、大曲タクシー☎0187・62・0050、仙北タクシー☎0187・63・6060

■2万5000分ノ1地形図
大曲

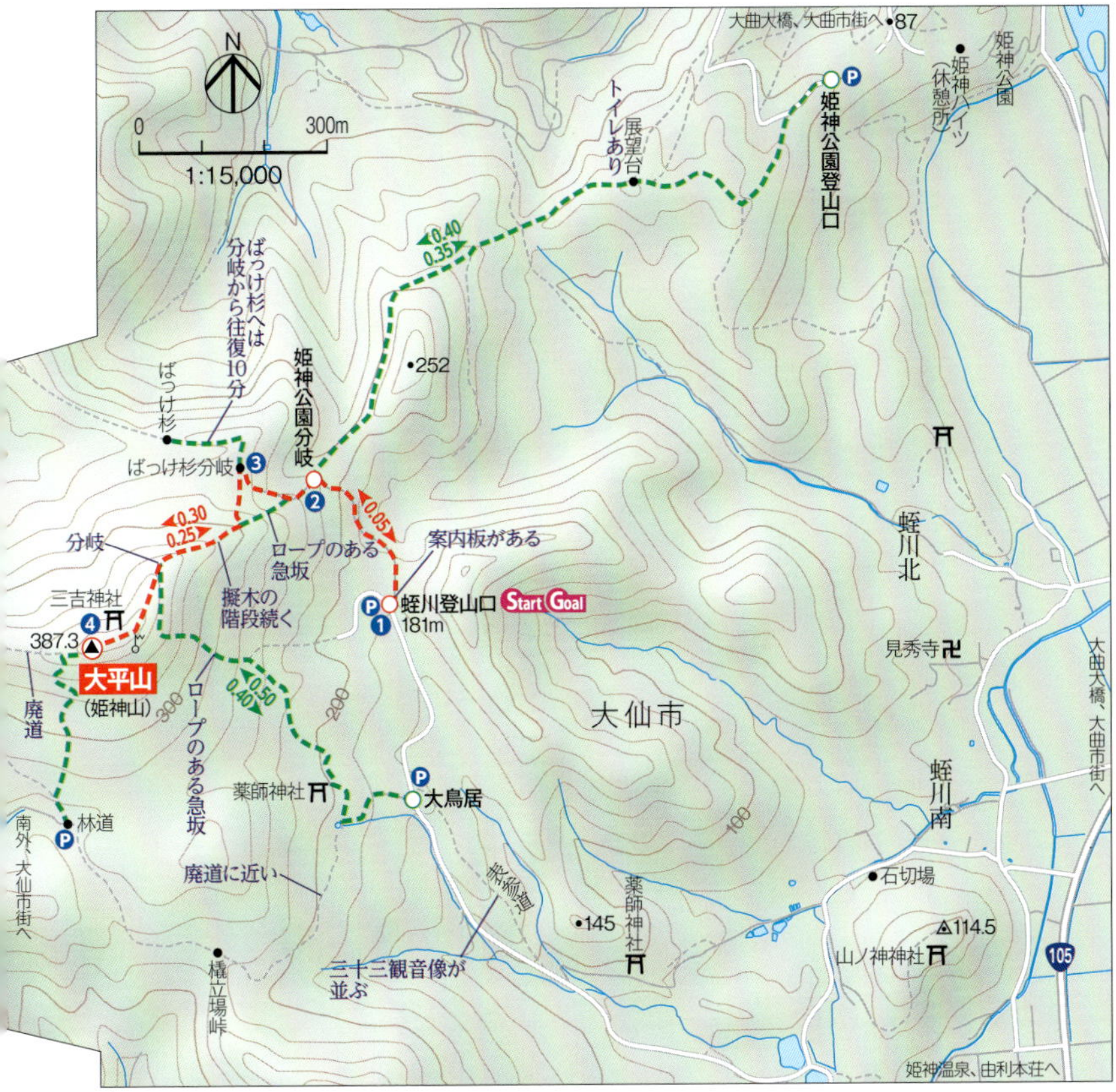

CHECK POINT

駐車場入口前に案内板や標柱の立つ蛭川登山口

姫神公園からのコースとの分岐。左の擬木の階段を登っていく

巨木のばっけ杉との分岐。山頂へは左へ杉林を進む。ばっけ杉へは右に5分ほど

三吉神社(右)やアンテナ塔、頂上を示す標柱が立つ大平山の山頂

09

里人の信仰篤い2つの霊山を訪ねる

神宮寺岳・伊豆山

じんぐうじだけ　277.2m（4等三角点）
いずさん　208m

日帰り

Ⓐ神宮寺岳　歩行時間＝1時間15分　歩行距離＝1.4km
Ⓑ伊豆山　歩行時間＝55分　歩行距離＝1.0km

技術度
技術度
体力度
体力度

コース定数＝Ⓐ5Ⓑ4

標高差＝Ⓐ256m Ⓑ178m

累積標高差　Ⓐ 245m 245m　Ⓑ 189m 189m

雄物川河川敷運動公園からの伊豆山（右）と神宮寺岳（右奥）。左のひときわ高い山は大平山

中川原コミュニティ公園からのピラミッド型の神宮寺岳

Ⓐ神宮寺岳　神宮寺岳は大平山のすぐ北に隣接している。神宮寺市街地の南を流れる雄物《おもの》川に裾野を浸し、そそり立つように鎮座している山だ。そのピラミッド型の優美な山容は、郊外のどこからでも眺めることができ、地元では「だけやま」の愛称でよばれ、シンボルの霊山として親しまれている。別称を副川岳《そえがわだけ》ともいう。山頂には、かつて県内の延喜《えんぎ》制式内社三社のうちの一社、副川神社があったが、現在は嶽六所《だけろくしょ》神社が祀られている。

神宮寺市街から南楢岡《みなみならおか》地区への地方道30号に入り、岳見《だけみ》橋を渡る。すぐ先の神宮寺岳入口の看板を左へ進み、その先のY字路をまた左へ進むとT字路となる。T字路から左へ20メートルほど下って、右へ狭い畑地の林道を進むと、鳥居の建つ**登山口**だ。

登山口から杉林の斜面を登ると、太いトチ、クリ、ナラなどが茂るつづら折りの急登が続き、尾根筋に出て上部の分岐を左折すると、幽玄の地、杉木立に囲まれた4等三角点と、嶽六所神社の建つ**神宮寺岳**山頂である。残念ながら

■鉄道・バス
往路・復路＝公共交通機関の利用は不適。Ⓐ、Ⓑともにタクシーは JR奥羽本線神宮寺駅またはJR秋田新幹線・奥羽本線大曲駅から。

■マイカー
Ⓐ＝秋田道大曲ICから国道13号神宮寺バイパス、地方道30号で岳見へ。以下本文参照。Ⓑ＝大曲ICから国道105号経由で蛭川へ。以下本文参照。岳見から蛭川間は南面の姫神林道も利用できる。

■登山適期
4月下旬～11月上旬。新緑・紅葉期を問わず、往時の霊山をしのびながら姫神公園と併せて楽しめる。

■アドバイス
▽神宮寺岳登山口は、林道脇の空地に分散すると数台の駐車が可能（Ⓐ）。
▽**神宮寺岳・伊豆山縦走コース**　神宮寺岳山頂肩の分岐から尾根筋（ナダラ尾根）を下って鞍部に出て、登り返して分岐を左へ進むと、伊豆山山頂にいたる。鞍部から林道への道は廃道。神宮寺岳（35分）伊豆山。
▽**伊豆山・女坂コース**　平成22年に整備。駐車場先の姫神林道の峠に登山口があり、木段の続く斜面を登って山頂にいたる（約20分・Ⓑ）。
▽温泉は、神宮寺郊外にかみおか温泉嶽の湯（☎0187・87・1700）がある（内小友のスパ西遊喜は閉館となっている）。

参道も含め眺望は期待できない。

下山は往路を戻る。

Ⓑ伊豆山　伊豆山は神宮寺岳と峰続きとなり、すぐ南東に隣接している。ピラミッド型で目立つ神宮寺岳や大平山《たいへいざん》と異なりあまり注目されなかったが、大曲市街方面からは神宮寺岳の前に立ちはだかり、緩やかな山容で望まれる。

山頂には伊豆山神社が祀られ、毎年小正月には「川を渡るぼんでん」の行事が勇壮に行われる。

登山口へは大曲《おおまがり》大橋を渡ってすぐ右の堰堤上の車道に入る。この先、姫神《ひめがみ》公園の分岐を左に見送って進むとすぐ駐車場に着く。ここが**登山口**だ。

石灯篭の立つ石段が伊豆山への参道（通称 男《おとこ》坂）入口で、鳥居をくぐると珍樹・ねじれ杉がある。この先杉林内のつづら折りの急坂を登ると、接待場《せったいば》の清水《しみず》の分岐に出る。

直進してさらにつづら折りの道を登ると小尾根に出る。ここから太い杉並木のある参道を緩やかに進むと、神々しさが漂う伊豆山神社の立つ**伊豆山**山頂に着く。眺望は樹木で利かないが、杉並木周辺からは大曲市街が望まれる。

下山は往路を戻る。

■問合せ先
大仙市観光交流課☎0187・63・1111、仙北タクシー☎0187・63・6060、大曲タクシー☎0187・62・0050
■2万5000分ノ1地形図
大曲

CHECK POINT

Ⓐ神宮寺岳

登山口から１段上がると鳥居があり、ここから杉林の中の登りが続く

▼

杉木立に囲まれた神宮寺岳山頂の嶽六所神社。ぼんでん奉納が行われる

Ⓑ伊豆山

あずまやや案内板、水場のある伊豆山の登山口。正面の石段が参道入口

▼

神々しさが漂う伊豆山山頂に立つ伊豆山神社

ニタ又集落先の大滝からの東光山（中央奥）。左は仏洞山へ続く尾根筋

10

東光山・笹森山

路傍に往時の名残をとどめる修験道の山

とうこうざん 594m
ささもりやま 594.5m（1等三角点）

日帰り

歩行時間＝3時間25分
歩行距離＝4・5km

技術度
体力度

コース定数＝**14**
標高差＝458m
累積標高差 ↗570m ↘570m

由利本荘《ゆりほんじょう》市の東部に連なる笹森丘陵に、通称・赤田《あかた》五山とよばれる標高500㍍級の山々がある。最高峰は笹森山で、そのすぐ隣に峰続きで東光山が対峙し、山麓の赤田や北《きた》ノ又《また》地区からその緩やかな山並みを望むことができる。

赤田地区の長谷寺《ちょうこくじ》に日本三大観音のひとつといわれる身の丈二丈六尺（約9㍍）の赤田観音像があり、別名を「赤田の大仏」として知られている。長谷寺の開祖・是山泰覚和尚《ぜざんたいかくおしょう》は「赤田の閑居様《かんきょさま》」とよばれ、人々に親しまれた名僧であったという。

東光山はこの名僧が修行した最初の山で、ほかに仏洞山《ぶっとうざん》、笹森山、黒森山《くろもりやま》、如意山《にょいさん》（傾《かたが》り山《やま》）とで「赤田五峰山《ごほうさん》」をなし、古来より山麓の人々の信仰の山として崇敬されてきた。

東光山へは、赤田地区を貫く地方道69号本荘岩城《いわき》線上の二《ふ》タ又《また》集落から入る。集落から赤田川沿いの車道に入り、滝《たき》ノ上《うえ》林道に変わるとすぐに車道は2分する。右の狭い林道を小橋を渡って新沢座《あらさわざ》川沿いに進むと砂防堰堤があり、終点の草地に数台駐車できる**登山口**がある。

堰堤の左側から少し登ると石仏のある一合目・賽《さい》ノ河原《かわら》で、ここから雑木林を登ると二合目・鳥居《とりい》ノ台《だい》、杉並木を進んで水場のある三合目・清水泉流《しみずせんりゅう》ノ滝、すぐ四合目・薬師《やくし》に着く。右方に山頂が望まれる。

この先、是山和尚修業の地であった五合目・**毘沙門堂《びしゃもんどう》**。ここには社殿と老朽化した参籠所《さんろうしょ》があり、裏側から樹林の中の急坂となる。坂の途中に大岩があり、ここが六合目・干餅倉《ほしもちぐら》、稜線に飛び出して

■鉄道・バス
公共交通機関の利用は不適。登山口へのタクシーはJR羽越本線羽後岩谷駅（要予約）、またはJR羽越本線羽後本荘駅から。

■マイカー
日本海東北道・国道105号（岩谷道路）大内JCTから国道105号・地方道69号を経て二タ又へ。または日本海東北道本荘ICから国道107号・地方道49号を経て北ノ股、地方道69号を経て二タ又へ。以下本文参照。

■登山適期
4月下旬～11月上旬。早春から晩秋まで新緑、紅葉期を問わず楽しめる。黄金色に輝く田園風景の眺望は格別。

■アドバイス
▽林道入口や各合目ごとに標柱や標示板などがある。
▽滝ノ上林道沿いに赤田大滝がある。
▽温泉は、羽後岩谷駅に総合交流ターミナル・ぽぽろっこ（☎0184・62・1126）、本荘公園近くに鶴舞温泉（☎0184・23・7227）がある。

■問合せ先
由利本荘市観光振興課☎0184・24・6349、光タクシー☎0184・22・1111、本荘タクシー☎0184・23・0103

■2万5000分ノ1地形図
岩野目沢

CHECK POINT

東光山登山口。すぐ先に一合目・賽ノ河原がある

▼

五合目・毘沙門堂。参籠所裏から樹林の中の急坂が続く

▼

七合目・仏洞山分岐。ここから尾根筋の道を行く

▼

社殿の建つ東光山山頂。社殿前に眺望のよい台地がある

七合目・**仏洞山分岐**に着く。左少し奥の松の根元に祠があり、踏跡が雑木林で眺望のない**仏洞山**山頂へ続いている。

分岐から右へ緩やかな稜線を進むと八合目・黒森遙拝所《ようはいしょ》、その先九合目・拝水《おがみず》を越すと社殿の建つ**東光山**山頂である。南側が開けた山頂からは本荘市街が一望でき、鳥海山《ちょうかいさん》の勇姿が印象的だ。

最高峰の**笹森山**へは、神社のうしろを少し進み、左へ杉林の中の急斜面を下ってカツラの巨木が茂る鞍部《あんぶ》に出る。ここから雑木林の尾根を登っていく。山頂には1等三角点があるのみで眺望は雑木にさえぎられ期待できないが、東光山だけは望まれる。急斜面はすべりやすいので、足もとには要注意だ。一般的には、東光山山頂から往路を引き返す。

1等三角点のある笹森山山頂

―近くにある山―
日住山《ひすみさん》 605・5m（4等三角点）

東光山の南南東約5・5キロに位置する日住山は旧本荘市の最高峰で、信仰の山として知られる。市街地のほぼ真東にあることから、太陽信仰ともつながりがあるようだ。登山口は、市街東部の雪車（そり）町地区から鬼倉山林道を進んだ先。山頂の西側から北側を巻くように登山道が続き、尾根筋に出て木段の急坂を登れば山頂にいたる（約30分）。大和の国から勧請されたという日住神社の小さな奥宮があり、本荘方面や鳥海山、八塩山の眺望が楽しめる。

滝の沢地区から東光山の南にある日住山を望む

山頂の樹間から望む仙北平野。その背後に真昼山地が連なる

11

武運・勝運の神社を祀る信仰の里山

勝軍山

しょうぐんざん
339・3m（2等三角点）

日帰り

歩行時間＝1時間25分
歩行距離＝2・6km

技術度
体力度

コース定数＝5

標高差＝177m

累積標高差 ↗179m ↘179m

保呂羽山《ほろわさん》の東隣に位置する勝軍山は、かつては摩利支天山《まりしてんさん》とも呼ばれ、旧大森《おおもり》町（現横手《よこて》市）と旧南外《なんがい》村（現大仙《だいせん》市）との境にある。周辺を取り巻く里山と同様に低山のために、山麓からはその山姿を望むことは難しい。

また、集落の近くにある生活色の濃い山でもあるが、古くから山岳信仰の霊場として知られる。山頂には武運・勝運の祈願所として勝軍山神社が祀られており、地元民の篤い信仰を集めてきた里山のひとつでもある。

山頂のすぐ前に鎮座する勝軍山神社

勝軍山へは、西山麓の山崎《やまざき》集落からのびる表《おもて》参道があるが、ここでは耕地整理に伴って整備された、旧南外村の滝中田《たきなかた》表《おもて》集落からのコースを紹介しよう。

県道265号湯《ゆ》ノ又前田《またまえだ》線の途中にある滝中田表の滝《たき》会館から滝ノ沢《さわ》集落跡への車道を行くと、沢奥の耕地整理（平成18年頃に終了。現在は休耕地）の最奥で案内板が立ち駐車場のある**登山口**に着く。

登山口から杉林の中の狭い林道を進むと右手に作業小屋があり、その先を少し進むと杉林の中の林道終点に着く。

林道終点のすぐ先は**垢離取場**《こりとりば》

■鉄道・バス
公共交通機関の利用は不適。滝中田表集落奥の登山口へのタクシーはJR奥羽本線神宮寺駅から。

■マイカー
秋田道大曲ICから国道105号上野・地方道30号神岡南外東由利線湯ノ又・県道265号湯ノ又前田線を経て滝中田表へ。以下本文参照。

■登山適期
4月下旬～11月上旬。低山特有の雑木林の早い新緑と遅くまでの紅葉が楽しめる。

■アドバイス
▽表参道の入口は山崎集落にあり、羽宇志別神社神楽殿とほろはの里資料館前から東へのびる林道をたどる。入口の少し先に大鳥居があり、果樹畑への車道を右へ見送って狭い林道を1・2㌔ほど進んだところに登山口がある。標柱もなく不明瞭だが、左の斜面にのびる作業道跡を登る。作業道終点付近が不明瞭になっているが左手側に参道があり、尾根上を進んで少し下ると垢離取場の分岐に出る。以下本文参照。なお、林道の終点付近は枝分かれした作業道が多くあり、要注意。
▽山頂の西斜面は杉伐採で枝分かれした作業道が多くあるので、要注意。
▽作業小屋先の林道終点は作業車の転回地。車は置かないこと。
▽温泉は、湯ノ又地区に湯ノ神温泉

で、右手から表参道が合流する分岐点である。ここには不動明王《ふどうみょうおう》の石碑がある。

ここから左へ杉林の緩い登りとなり、右折すると明るく開けた広い**林道**に飛び出す。林道を横切ってアカマツの茂る小尾根を登ると、杉林の中に建つ山門に出る。

山門をくぐって264段のコンクリートと石の階段を登ると、勝軍山神社が鎮座しており、神社裏のすぐ先が2等三角点と石碑のある**勝軍山**山頂である。

東側が開けた南北に細長い山頂からは仙北《せんぼく》平野や真昼《まひる》山地が遠望されるが、樹木が高くなりあまり期待できない。神社前からは、秋田駒ヶ岳《こまがだけ》方面が美しく望まれる。

下山は往路を**登山口**へ戻る。

(☎0187・74・2468)、近くに松木田温泉南外ふるさと館(☎0187・74・2310)、岩倉温泉(☎0187・74・2345)がある。

■**問合せ先**
大仙市南外支所☎0187・74・2111、仙北タクシー☎0187・72・2626

■**2万5000分ノ1地形図**
八沢木・角間川

CHECK POINT

耕地整理最奥となる登山口。駐車場と案内板がある。ここから林道を歩く

林道終点のすぐ先にある分岐・垢離取場。石碑を前に左に進む

広い林道を横断する。この先はアカマツの茂る小尾根を行く

東側のみ開けた、細長い勝軍山の山頂

12

保呂羽山

天然林にひたり、修験の道をたどる

ほろわさん
437・9m（2等三角点）

日帰り

歩行時間＝1時間20分
歩行距離＝2・2km

技術度
体力度

コース定数＝5
標高差＝171m
累積標高差 180m 180m

↑南面の少年自然の家から望む保呂羽山。右の尾根筋を登り、左の尾根筋へ下る

←山頂部に鎮座する県内に3社しかない延喜制式内社のひとつ・波宇志別神社奥宮

保呂羽山は、低山の連なる県南部の出羽《でわ》山地に属し、横手《よこて》市大森《おおもり》町の西部に位置している。付近一帯に標高の高い山はなく、遠くからは里山が広がり、その山姿を確認することは難しい。

山頂部には延喜《えんぎ》制式内社として県内最高位の神社、波宇志別《はうしわけ》神社奥宮が鎮座し、山そのものをご神体として、古来から修験道の霊場として栄えてきた。とくに山里の人々の崇敬が篤い。

山名の由来は、アイヌ語の「尊い山」、「ヒロニワ（広い庭）」を語源とするなどの諸説がある。また、山頂周辺はブナやミズナラなどの天然林がうっそうと茂り、県の自然環境保全地域に指定されている。

山頂への登山口は3箇所あるが、最も利用されている大木屋《おおごや》集落先の広場からの道を紹介する。

登山道入口へは、大森町をつらぬく地方道29号から大木屋への車道をたどる。途中、少年自然の家への分岐を見送ると、トイレや大駐車場のある**登山口**の広場に着く。

看板の立つ登山口から防災無線塔への舗装の車道を進むと、左手

■鉄道・バス
往路・復路＝公共交通機関の利用は不適。登山口へのタクシーはJR秋田新幹線・奥羽本線大曲駅から。

■マイカー
秋田道大曲IC〜国道13号〜地方道36・29号で横手市大森町へ。以下本文参照。大木屋入口から登山口へは舗装路を約2・5㌔進む。

■登山適期
4月下旬〜11月。ひと足早い新緑と遅くまで続く紅葉が楽しめる。

■アドバイス
▽表参道は、屋布台の外れに立つ石柱から入る。0・7㌔先の民家下の細い農道が入口で、進むと標柱がある。杉林を登り、雑木林を越すと防災無線塔の車道に出て、すぐ先で広場からの合流点に着く。農道入口から1時間。
▽温泉は、大森に大森健康温泉（☎0182・26・4077・休館中）、南外に南外ふるさと館（☎0187・74・2310）、大内に小羽広館（☎0184・67・2542）がある。

■問合せ先
横手市大森地域局☎0182・26・2111、保呂羽山少年自然の家☎0182・26・6011、大曲タクシー☎0187・62・0050、大森タクシー☎0182・26・2171

■2万5000分ノ1地形図
八沢木

に**表**《おもて》**参道との合流点**があり、すぐ先のかご立場《たてば》を通ると下居堂《おりいどう》にいたる。ここは女人禁制時代の遥拝所で、県内では珍しく昭和40年に解禁されている。

ここから敷石の道と、クサリやロープのある急な岩場を越して子《こ》守《もり》石へ。岩場には巻道もあるが、足もとに注意しよう。この先、露岩を進み、ブナの茂る一夜盛《いちやもり》と岩刻《いわけずり》の木の尾根筋を登ると杉木立が現れ、すぐに杉やブナに囲まれた立派な本殿が建つ波宇志別神社奥宮に着く。本殿前には太いモミの木がある。

本殿の裏から少し下ると小祠を見て、すぐ先が2等三角点のある**保呂羽山**山頂だ。眺望は境内と同じく樹木にさえぎられ、期待できない。

下山は、太いロープのある露岩の急坂を下り、ブナやミズナラ林をさらに下ると**旧羽広口**《はびろ》**への分岐**に出る。ここから少し下ると作業道跡のジグザグの道となり、分岐を左に進むと**車道**に出て、左へ少し行くと先ほどの**登山口**に戻る。

CHECK POINT

1

駐車場やトイレのある広場の前が登山口となる

2

表参道との合流点。ここから参道を登っていく

3

樹木に囲まれ眺望のない保呂羽山山頂。2等三角点がある

4

旧羽広口(廃道)への分岐。ここから左へ下ると作業道跡の道になる

13 手軽に登れる1等三角点と天測点の里山

三ツ森山

みつもりやま
412・0m（1等三角点）

日帰り

歩行時間＝1時間15分
歩行距離＝2・5㎞

技術度

体力度

コース定数＝5

標高差＝77m

累積標高差 125m 125m

大沢地区から平坦な尾根を流す三ツ森山を望む

三ツ森山は、横手《よこて》市雄物《おもの》川《がわ》町と由利本荘《ゆりほんじょう》市東《ひがし》由利との境に位置している。横手市街から由利本荘市へ通ずる国道107号を走り、雄物川町の大沢《おおさわ》地区に近づくと、同地区の後方に平坦な尾根を流す山である。

山域自体が産業の山で、とくに魅力あるものではないが、山頂には1等三角点と、山頂では珍しい天測点があることから、とくに三角点ファンの人気が高い。

山頂への登山コースは、雄物川町側から2コース、東由利側から1コースあるが、平成15年に山頂と峰伝いに続く金峰山《きんぽうざん》との間を林道三ツ森山線が開通して以来、コースが大幅に短縮され、誰もが気軽に登れる山となった。

国道107号沿いにある大沢郵便局の少し先から、広域農道の出《で》羽《わ》グリーンロードに入り、少し進むと林道三ツ森山線の入口があ

金峰山山頂近くに建つ金峰山神社奥宮

■鉄道・バス
往路・復路＝公共交通機関の利用は不適。林道三ツ森山線の登山口へのタクシー（要予約）はＪＲ奥羽本線横手駅から。

■マイカー
秋田道横手ICか国道13号横手～国道107号大沢から広域農道へ。または国道13号大曲～地方道13号（湯沢雄物川大曲線）か地方道48号（横手東由利線）の二井山から広域農道に入り大沢方面へ。以下本文参照。

■登山適期
4月下旬～11月上旬。杉造林地の伐採によりコース上からの眺望は広範囲に広がり、里山の新緑や紅葉とともに楽しめる。

■アドバイス
▽林道三ツ森山線入口から登山口・大駐車場まで約3キロの舗装道。
▽表参道コースと西側の倉からのコースは廃道に近い。相生の松跡からのコースは荒れている。
▽温泉は、雄物川町郊外にえがおの丘（☎0182・22・2221）、雄川荘（☎0182・38・6530）がある。

■問合せ先
横手市雄物川地域局☎0182・22・2111、大森タクシー☎0182・26・2171、沼館タクシー☎0182・22・2020、さとみタクシー☎0182・22・2650

る。ここから林道を行くと、やがて大駐車場のある**登山口**に着く。相生《あいおい》の松《まつ》跡から登るコースとの合流点でもある。

駐車場前の登山口から少し登って明るい尾根に出ると、北斜面の全域が杉の伐採で山頂近くまで切り開かれており、眺望抜群の尾根筋の道となる。

この先、平坦な道を進むと小祠（太平《たいへい》山《ざん》）のある**分岐**に着く。左は金峰神社奥《おく》宮《みや》からのコースで、すぐ下に駐車場がある。

直進は山頂への道で、奥《おう》羽《う》の山々を眺望しながら進み、雑木林の緩い坂道を登って左折すると、小祠や1等三角点、天測点などのある**三ツ森山**山頂だ。樹林帯にさえぎられて眺望は期待できない。

帰路は、**分岐**から右へ木段のある道を下り駐車場のある**林道**に出、爺《じい》杉と婆《ばあ》杉のある**金峰神社奥宮**を往復したのち**登山口**へ戻る。

■2万5000分ノ1地形図
老方

CHECK POINT

1

大駐車場のある登山口。右へ杉木立の尾根に上がると伐採地が広がる

2

金峰神社奥宮へのコースとの分岐点。小さな祠がある

3

天測点と１等三角点のある三ツ森山の山頂。樹林の中で展望は利かない

4

金峰山神社奥宮への登山口（手前右）。前方は三ツ森山のもうひとつの登山口

14

八塩山

ブナ林と展望を楽しむファミリー向きの里山

やしおさん
713・3m（2等三角点）

日帰り

歩行時間＝2時間15分
歩行距離＝3・5km

技術度
体力度

コース定数	＝9
標高差	＝357m
累積標高差	375m / 375m

由利本荘市舘合地区からの八塩山。右後方に鳥海山が顔を出している

県南部の出羽《でわ》山地の中でも標高の高い八塩山は、由利《ゆり》地方の中心部・東《ひがし》由利の南端・矢島《やしま》との境に位置し、周辺からはひときわ高い台形型の山容を見せている。

山頂には千手観音《せんじゅかんのん》や馬頭《ばとう》観音などを祀る八塩神社があり、古くは矢島領二十三番札所として、修験者や地元の人々の信仰を篤くしていたという。山麓につくられた八塩ダムの完成に伴い、平成2年に「いこいの森」として整備された。総合案内所やオートキャンプ場などがあり、多くの登山者や行楽客に利用されている。

八塩山へは、東由利を横断する国道107号の舘合《たてあい》地区から、地方道32号（仁賀保《にかほ》矢島舘合線）に入る。この先、石高《いしだか》集落といこいの森を経由して、朴ノ木沢《ほうきさわ》への林道をたどると、駐車場と案内板が立つ**鳥居《とりい》の沢《さわ》登山口**に着く。

奇樹・コブブナの大木

杉伐採で明るくなった登山口から、トチやブナなどの茂る斜面を登ると尾根に出る。す

■**鉄道・バス**
往路・復路＝公共交通機関の利用は不適。鳥居の沢登山口へのタクシー（要予約）はJR羽越本線羽後本荘駅から。

■**マイカー**
日本海東北道本荘IC、または秋田道・湯沢横手道路横手ICから国道107号の由利本荘市舘合を経由し地方道32号へ。以下本文参照。

■**登山適期**
5月中旬～11月上旬。山麓から山頂一帯に広がるブナ林などの新緑と紅葉期。八塩ダム公園（八塩いこいの森）の散策と併せるのもよい。

■**アドバイス**
▽**前平口**　鳥居の沢登山口からさらに進むと登山口があり、杉林と木段の続くブナ林の急斜面を登って急斜面を登りきると八塩神社（約1時間10分）。
▽**深山林道口**　石観音を経て山頂に至るブナ林のコース（約1時間30分）。
▽矢島から小八塩山を経て登るコースや、西面の深山林道からコブブナにいたる迂回路もある。
▽八塩ダムから鳥居の沢登山口までは約3キロの舗装道。
▽温泉は、道の駅「東由利」内に黄桜温泉湯楽里（☎0184・69・2611）がある。

■**問合せ先**
由利本荘市東由利総合支所☎018

ぐ先の**分岐①**で道は2分する。左の尾根筋にのびる鳥居長根《ながね》コースは、下りにとることにする。右への道を少し進んで沢を渡ると風《かざ》ぴら清水《しみず》に出て、少し先でまた道が2分（**分岐②**）する。

右の道は、進むと奇形木のコブブナがあり、急坂を登って上の尾根で風ぴらコースと合流する。左の尾根筋の道・風ぴらコースをとって登ると、太いブナ林の急坂となり、尾根上でコブ

山頂の東端に建つ休憩所と八塩神社。ここからの眺望は抜群だ

ブナからのコースと**合流**する。

合流点から少し登ると、また分岐があり、右から**深山《みやま》林道からのコースが合流**している。この先、第2歩道を右に見送って進むと平坦となり、**鳥居長根コースと合流**し、すぐにあずまやに着く。ここは眺望もよく、右への道を少し進むと、鳥海山《ちょうかいさん》を間近に望む展望地がある。

あずまやからブナ林の中を進むと、右手に大沢山《おおさわやま》第3歩道が分岐しており、20㍍《メートル》ほど入ると2等三角点のある八塩山山頂である。分岐から直進すると、まもなく休憩所と**八塩神社**の建つ眺望の開けた台地に着く。

4・69・2110、東交通（タクシー）☎0184・69・2517、本荘タクシー☎0184・23・0103

■2万5000分ノ1地形図
矢島・大琴

ここに前平《まえひら》コースと矢島からのコースが合流している。

下山は、**鳥居長根コース合流点**からブナ林と眺望のよい鳥居長根コースを下り、風ぴらコースとの分岐（**分岐①**）に出て**登山口**に戻る。

CHECK POINT

案内板などの立つ鳥居の沢登山口。杉伐採で明るくなった

標柱の立つ分岐①。左は尾根筋の鳥居長根コース、右は風ぴらコース。ここは右へとる

風ぴらコースを登って尾根筋を進むと、右から深山コースが合流してくる

八塩神社の少し手前にある2等三角点の八塩山山頂

15 秘仏を祀る神社の頂からの展望を楽しむ

白山

はくさん

288・7m（3等三角点）

日帰り

歩行時間＝1時間35分

歩行距離＝2・1km

技術度 ▲△△△△

体力度 ●○○○○

コース定数＝5

標高差＝173m

累積標高差 ↗187m ↘187m

白山は湯沢《ゆざわ》市街の西方、かつて鉱山で栄えた松岡《まつおか》地区にあり、山裾の坊中《ぼうぢゅう》集落のすぐ頭上に望まれる小さな里山だ。古名は松岡山と称し、中世末期にこの地を治めた豪族・松岡氏に由来するという。

↑坊中集落の頭上に望まれる白山と、白山姫神社が鎮座する山頂の一角（左）

←白山姫神社前から眼下に松岡地区とその奥に東鳥海山を望む

山頂の一角には、立派な白山姫《ひめ》神社が鎮座し、ご神体の女神像（木造）は県の有形文化財に指定されている。また、参道には子安観音《こやすかんのん》や仁王堂《におうどう》など数多くの神仏が随所

女神像が祀られている白山姫神社

■鉄道・バス

往路・復路＝公共交通機関の利用は不適。坊中の登山口へのタクシーはJR奥羽本線湯沢駅から。

■マイカー

湯沢横手道路湯沢ICから国道398号・県道278号（雄勝湯沢線）経由で外堀・坊中へ。以下本文参照。

■登山適期

4月下旬～11月上旬。低山特有の雑木林の早い新緑と遅くまでの紅葉もよいが、田園風景が黄金色に染まる秋期が最適。

■アドバイス

▽白山姫神社の女神像は像高1・65メートルで、けやき材の一本づくり。秘仏で毎年8月19日に近い日曜日を例祭日として開帳されている。

▽仁王堂の湧水は飲用不適。

▽白山に平安から鎌倉時代の経筒が発掘された松岡経塚（構之森）があり、平成29年に再整備されている（10分）。

▽温泉は、湯沢市街湯ノ原地区に湯ノ原温泉（☎0183・73・2062）、ゆざわ温泉（☎0183・73・0135）がある。

■問合せ先

湯沢市観光ジオパーク推進課☎0183・55・8180、湯沢生涯学習センター山田地区センター☎0183・73・3001、湯沢タクシー☎0183・73・2151、新生タクに祀られており、山裾の人々の信仰をとくに篤くしている。

白山へは、外堀《とぼり》の松岡郵便局前から坊中集落へ向かうと、黒板塀のある民家の先に鳥居が見える。このすぐ先の右手側に広場があり、ここが案内板や駐車場のある**登山口**となる。

登山口から作業道を進み、小祠をすぎると分岐点に出る。ここにはモリッコ石があり、右への雑木と杉林の作業道を進むと、まもなく神々しさが漂う小広場に建つ**仁王堂**に着く。高さ2・5㍍ほどの一対の仁王像(石造)が祀られている。

ここから少し登ると、石仏のある尾根との**分岐**に出る。左は山頂への参道であるが、先に右への参道（作業道）を進もう。

作業道終点に着くと、すぐ先が**白山姫神社**の鎮座する山頂の一角だ。眺望は抜群で、神社前からは直下に松岡地区が、雄物《おもの》川の対岸に東鳥海山《ひがしちょうかいさん》が美しく望まれる。

分岐に引き返し、山頂に向かおう。分岐から山頂まで行く途中に小祠が立ち並び、突き当たったところが湯沢市と羽後《うご》町との境でもある**白山**山頂である。

ここには3等三角点と金峰山大《きんぽうざんだい》権現《ごんげん》の立派な石祠が祀られている。眺望は雑木であまり期待できないが、湯沢市街方面が望まれる。

下山は往路を**登山口**へ戻る。

シー☎0183・73・3171

■2万5000分ノ1地形図
湯沢

CHECK POINT

子安観音堂や案内板の立つ広場に登山口がある

作業道分岐にあるモリッコ石

仁王堂には高さ2.5㍍ほどの石像の仁王が立つ

山頂には金峰山大権現の石祠が祀られている

16

森山

町のシンボル・双耳峰でパノラマ展望を楽しむ

もりやま
325・5m（第一高地・1等三角点）

日帰り

歩行時間＝2時間5分
歩行距離＝3・0km

技術度
体力度

コース定数＝8
標高差＝197m
累積標高差 ↗365m ↘365m

↑五城目町郊外から望む双耳峰の森山。左は山頂の第一高地、右が電波塔の建つ第二高地

←第二高地の展望所から五城目町中心街と馬場目岳方面を俯瞰する

八郎潟《はちろうがた》中央干拓地の東隣に位置する森山は、かつてはスズムシ群生の北限地として知られ、山里・五城目《ごじょうめ》町のシンボルとして親しまれている。国道7号や285号を走ると、田園に突き立つ独立峰として望むことができる。

2つの峰からなる森山の山名の由来は、飯を盛り上げた形から飯盛山《めしもりやま》ともいわれ、ほかにも森医《もりい》山《やま》、杜山《もりやま》などの古名がある。かつては薬師《やくし》や太平《たいへい》山《ざん》信仰の霊場で、現在は電波塔や鐘楼《しょうろう》・希望の塔が建ち、展望所となっている。山頂部へは、北側

■鉄道・バス
往路・復路＝公共交通機関の利用は不適。岡本口へのタクシーはJR羽越本線八郎潟駅から。

■マイカー
秋田道五城目八郎潟ICから地方道15号・国道285号・県道220号経由で岡本へ。以下本文参照。

■登山適期
4月下旬～11月上旬。里山一帯に新緑が映える春期と近隣の田園が黄金色に染まる秋期が最適。

■アドバイス
▽電波塔の建つ第二高地から第一高地の森山山頂への道は、急なやせ尾根上にありすべりやすいので、とくに雨天時や雨後は要注意。
▽斎場脇から登る道と尾根筋を登る道は、廃道に近い。
▽国道285号杉ヶ崎から第二高地の展望所まで、車で20分ほど。
▽温泉は、五城目町郊外に小倉温泉（☎018・852・2440）、湯の越温泉（☎018・838・4354）がある。

■問合せ先
五城目町商工振興課☎018・852・5222、五城目タクシー☎018・852・2160、湖東タクシー☎018・852・2130

■2万5000分ノ1地形図
五城目

CHECK POINT

1 岡本の登山道入口の少し先に駐車地と登山口がある

▼

2 十字路。すぐ先に「スズムシ群生北限」の標柱がある

▼

3 第二高地に建つ電波塔と鐘楼。右端に第一高地への道がある

▼

4 第二高地から第一高地を望む。正面の尾根筋を登って山頂にいたる

▼

5 1等三角点のある第一高地・森山山頂。西側の眺望が広がる

から展望所まで車道がのびているが、ここでは岡《おか》本《もと》口から入ってみよう。

国道285号五城目町役場前の交差点から、上《かみ》小阿仁《こあに》方面へ500《メートル》ほど進んだ先で、左への県道220号に入り、神明《しんめい》社《しゃ》前を通って坂道を越すと、以前に野田《のだ》入口バス停があったところに標柱と案内板がある。ここから右への道を進むとすぐ先が**駐車地・登山口**だ。

駐車地から民家の前を通って左へ進むと、作業道となって道は2分する。杉林の中の作業道を進み、大きくカーブする地点から右の尾根に上がると、斉場の脇から登る道との**十字路**に出る。スズムシ群生北限の古い標柱があり、ここから尾根筋の急坂の連続となる。

登りきると電波塔などの建つ**第《だい》二高地《にこうち》**（展望所）に着く。男鹿《おが》半島や太平山地、眼下に広がる五城目の街や秋田平野が圧巻である。

塔の裏側からコンクリートで固めた急なやせ尾根を、クサリや柵を頼りに下り、登り返すと1等三角点と小祠のある第一《だいいち》高地の**森山**である。男鹿半島や大潟《おおがた》村、眼下には八郎潟の街が望まれる。

下山は往路を戻る。

17

山里の往時をしのぶ鎮守の森

高岳山

たかおかさん
231m

日帰り

歩行時間＝2時間5分
歩行距離＝3.3km

技術度
体力度

コース定数＝8

標高差＝183m

累積標高差 299m 299m

八郎潟《はちろうがた》中央干拓地・東部承水路のすぐ西隣にある高岳山は、五城《ごじょう》目《め》や八郎潟町郊外から森山《もりやま》の北西隣に立ち並ぶ山姿で望まれる。

山頂には県内の延喜《えんぎ》制式内社三社のうちの一社で、日本最北の式内社ともいわれる副川《そえがわ》神社が祀られ、古来から山里の人々の信仰がとくに篤い。

↑八郎潟町郊外から望む高岳山(左)と平坦な台地が続く城館跡

台地の東端・本丸跡。広場にはベンチや休憩所がある

山頂の南東直下には尾根続きとなって平坦な台地がのびているが、ここには戦国時代の湊《みなと》合戦で滅亡した浦《うら》城主・三浦《みうら》氏の城館跡があったところで、平成22年に本丸跡や屋敷跡など一帯が整備され、以来登山と併せて楽しめるようになった。ここでは一周するコースを紹介しよう。

県道220号（真坂《まさか》五城目線）から山麓の浦大町《おおまち》地区に入り、常福院《じょうふくいん》前を通り畑地に入ると、すぐ先の突き当たりが**登山口**だ。右手に駐車場がある。

登山口から右への道を見送

■鉄道・バス
往路・復路＝公共交通機関の利用は不適。常福院先の登山口へのタクシーはJR奥羽本線八郎潟駅から。

■マイカー
秋田道五城目八郎潟ICから地方道15号、国道7号を経由し、真坂から県道220号で浦大町へ。または国道285、県道220号で浦大町へ。以下本文参照。

■登山適期
4月下旬～11月上旬。里山一帯に新緑が映える春期と近隣の田園、とくに広大な干拓地が黄金色に染まる秋期が見どころ。

■アドバイス
▽紹介コースのほかには、登山口から五輪塔と支城・尼子館を経て山頂にいたるコースと、北西の鳥越側から登り、鳥越山（一本桜見晴台）を経て山頂にいたるコースがある。
▽山頂に鎮座する副川神社奥宮はかつて神宮寺岳から移されたという。
▽五城目町郊外に小倉温泉（☎018・852・2440）がある。

■問合せ先
八郎潟町産業課☎018・875・5803、湖東タクシー☎018・852・2130、五城目タクシー☎018・852・2160

■2万5000分ノ1地形図
五城目

CHECK POINT

案内板や副川神社の石柱が立つ登山口。左の石段を登っていく

▼

立派な鳥居の立つ中ノ鳥居。この先は緩やかな尾根筋を登る

▼

太い樹木が茂る山頂に建つ副川神社奥宮。裏側へコースがのびている

▼

眺望抜群の一本桜の見晴台がある鳥越山の山頂

▼

あずまやなどが建つ叢雲ノ滝の園地。正面に梵字が刻まれた滝がある

り、鳥居をくぐって進むと副川神社里宮《さとみや》がある。すぐ先で再び鳥居をくぐると、杉林の中の木段の登りがはじまる。登りきると眺望のよい**中《なか》ノ鳥居《とりい》**に出、この先緩やかな尾根筋を登ると、太いケヤキやカツラの茂る副川神社奥宮《おくみや》の建つ**高岳山**山頂である。西側に進むと見晴台があり、男鹿《おが》半島や八郎潟干拓地、眼下に八郎潟の街が望まれる。

下山は社殿裏から広場に出、その先の**分岐**を左に進むと3等三角点のある**一本桜の見晴台**（鳥越山）に着く。ここからも男鹿半島や、白神《しらかみ》山地方面などが見わたせる。

分岐に戻り、左に急坂を下るが、足もとに要注意。この先、右への小尾根を下ると小沢に出、さらに小沢沿いの木段を下るとあずまやの建つ叢雲《むらくも》ノ滝の**園地**に出る。タライ沢林道終点の駐車場がすぐ先にある。

園地のすぐ先に浦城趾と登山口への入口があり、杉林の中を進むと**薬研堀《やげんぼり》の分岐**に出る。右への道は登山口に戻り、左はすぐ浦城趾の台地に上がる。ここから復元された帯郭の柵沿いを屋敷跡や空堀《からぼり》跡、鐘撞堂《かねつきどう》を通って進むと、東端の**本丸《ほんまる》跡**にいたる。広場にはベンチやトイレ、休憩所を兼ねた歴史資料館などがある。

往路を引き返し、見晴台、または**薬研堀の分岐**から**登山口**に戻る。

18

森林浴を味わい、三十三観音に詣でる信仰の山

房住山

ぼうじゅうざん
409・4m（2等三角点）

日帰り

歩行時間＝2時間10分
歩行距離＝5・0㎞

技術度
体力度

コース定数＝**9**

標高差＝153m

累積標高差 345m 345m

井戸下田林道からの房住山。直下を巻く林道は県道314号に通じる

出羽《でわ》丘陵の北部にある房住山は、三種《みたね》町琴丘《ことおか》と能代《のしろ》市二ツ《ふた》井《い》との境に南北に長くまたがっている。低山のため、山麓からその山姿を望むことは難しい。古来から巡拝の山として知られ、山麓の人々の信仰はとくに篤い。歴史も古く、奈良時代に天台《てんだい》宗による山岳仏教の道場として開山されたといわれ、江戸末期に山麓の人々が建立した三十三観音などの石仏が参道沿いに残っていて、往時がしのばれる。中腹には国の自然観察教育林の指定を受けた天然秋田杉が茂り、自然学習の森として、地元の小中学校の登山も行われている。

かつての大風被害で、うっそうと茂る天然秋田杉は激減してしまった

登山道は小新沢《こあらさわ》地区から3コース、隣接する濁川《にごりかわ》地区から1コースが山頂を目指しているが、ここでは最も人気があり、楽に登れる井戸下田《いどげた》コースを紹介しよう。地方道37号（琴丘上小阿仁《かみこあに》線）上に小新沢地区があり、ここから4㌔、上小阿仁村大林《おおばやし》地区への途中に房住山への登山入口がある。この登山入口へは、大林地区から入ってもよい。

登山入口には大きな鳥居の立つ井戸下田林道の入口と、隣接して保険休養施設のぼうじゅ館もある。ここから林道を500㍍進むと左にコテージ、少し先で右に権《ごん》ノ神《かみ》沢への林道と分岐する。この先約1・5㌔行くとトイレや案内板がある駐車場に着く。

ここに山頂への**登山口**があり、整備された道をあずまやを通って少し登ると杉木立の中に建つ房住神社に着く。この先、神社前の少し先で右に井戸下田の水場への道（廃道）を見送って登ると、滝《たき》ノ上《うえ》

■**鉄道・バス**
往路・復路＝公共交通機関の利用は不適。井戸下田コース登山口へのタクシー（要予約）はJR奥羽本線鹿渡駅から。

■**マイカー**
秋田道琴丘森岳ICから地方道37号（琴丘上小阿仁線）小新沢へ。または国道285号上小阿仁大林から地方道37号へ。以下本文参照。

■**登山適期**
4月下旬～11月上旬。新緑、紅葉期を問わず、往時の信仰登山をしのびながら森林学習も体験できる。

■**アドバイス**
▽**滝ノ上コース** 小新沢から5㌔ほど上小阿仁村へ通じる県道を走ると、登山口のある観音橋に着く。ここから階段を登り、石仏の配列された尾根筋の道を、途中で天下森の分岐を経て井戸下田コースと合流して

コースと**合流**する。

合流点からブナや杉林を進むと台倉《だいくら》ノ坂（通称ババ落し）の急坂にさしかかる。登りきったところが**台倉**で、巻道もあるので安心だ。この先ひとふんばりすると自然観察教育林や石仏のある休憩地に着く。この付近は天然杉の大木がうっそうと茂っているが、近年の台風で相当数が倒れてしまった。

この先も石仏や揚水ポンプのある尾根筋の道が続く。全般にわたって西側が急傾斜となっているのが印象的だ。ほぼ直線の坂を登りつめると2等三角点と展望台、トイレのある**房住山**山頂である。休憩室を兼ねる展望台からは、男鹿《おが》半島や森吉山《もりよしざん》、白神《しらかみ》山地などの眺望が楽しめる。

下山は往路を戻る。

山頂へ（登り2時間）。
▽**ドッケコース**　小新沢から県道314号に入り、二ツ井との境が登山口。コース途中の寺屋敷跡は信仰全盛期の中心地で、多くの僧房でにぎわったという。後述の金山コースと合流して山頂へ（登り2時間）。
▽**金山コース**　金山林道から登るコースで、寺屋敷跡を経て山頂へ（登り1時間30分）。
▽山開き登山は5月第4日曜。
▽温泉は、森岳地区に町民保養センター・ゆうぱる（☎0185・83・4641）、五城目町に赤倉山荘（☎018・854・2969）がある。
■問合せ先
三種町商工観光交流課☎0185・85・4830、能代市観光振興課☎0185・89・2179、森岳観光タクシー☎0185・83・2201
■2万5000分ノ1地形図
小又口

CHECK POINT

地方道37号上の井戸下田林道入口に建つ大鳥居。登山口まで約2㌔

広い駐車場やトイレ、案内板がある井戸下田コースの登山口

杉木立の中に立つ房住神社。お参りをして山頂を目指そう

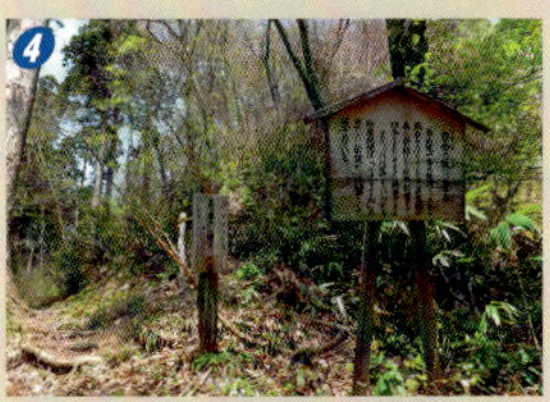
台倉ノ坂（ババ落し）入口。右は急登の冒険コース、左は巻道コース

房住山山頂に建つ展望台。休憩室を兼ねている

19

自然風致林の美林がある7座の峰を訪ね歩く

七座山

ななくらさん

287・6m（権現倉・2等三角点）

日帰り

歩行時間＝3時間30分

歩行距離＝6・7km

技術度 ■□□□□

体力度 ■□□□□

コース定数＝13

標高差＝270m

累積標高差 ↗422m ↘422m

↑天神登山口付近から米代川越しに大倉、松倉方面を望む。まさに一幅の絵画を見るようだ

←展望台から北端の松倉方面と対岸のきみまち阪方面を望む。ゆったりと山裾を流れる米代川も見どころだ

七座山は別称「七倉山《ななくらやま》」とも書かれ、南に位置する主峰の権現倉《ごんげんくら》（七座山）から、北に烏帽子倉《えぼしくら》、箕倉《みのくら》、柴倉《しばくら》、三本杉倉《さんぼんすぎくら》、大倉《おおくら》、松倉《まつくら》と7座の峰々がほぼ直線上に連なっている。その各座の位置と名称には数説あり、ここでは各座に設置されている標識にしたがった。

七座山の「座（倉）」は断崖の嶺を意味し、1嶺7座の東斜面は急峻な断崖・岩場が続き、巨岩が重なる景観はまさに神々の座にふさわしい。山裾をゆったり流れる米《よね》代《しろ》川と、低山ながらも山中にうっそうと茂る天然杉はとくに見ごたえがある。対岸のきみまち阪と併せて県立自然公園に指定され、国の自然風致林にも指定されている。山頂へのコースは7箇所ほどあるが、ここでは倉《くら》ノ松《まつ》コースを紹介しよう。

国道7号の道の駅「ふたつい」から小繋《こつなぎ》集落に入り、七座橋を渡ってすぐ仁鮒《にぶな》への車道をたどると、まもなく案内板や自転車置場のある**天神《てんじん》登山口**の駐車場に着く。

駐車場の手前にはトイレがあり、ここから登って山《やま》神社を越すと分

■鉄道・バス
往路・復路＝JR奥羽本線二ツ井駅からタクシー（要予約）で天神登山口へ。

■マイカー
秋田道二ツ井白神IC～国道7号～道の駅「ふたつい」。以下本文参照。

■登山適期
5月～11月上旬。展望台から眺める周辺の新緑と紅葉の時期がベスト。

■アドバイス
▽天神口は山頂への最短コース。駐車場の先が登山口で、少し登ると分岐があり、右に進むと十字路に出る。左右の道は散策路で、一帯に茂る天然杉の大木に圧倒される。ここから急坂を登り、階段を上がると稜線上の分岐に出る。左に進むと七座山の山頂だ。登り約1時間。
▽西面の仁鮒側からのコースは3本あり、いずれも各登山口から杉林や雑木林をたどって各山頂にいたる。三本杉倉へ40分、箕倉へ1時間、七座山へ1時間30分ほど。
▽温泉は、道の駅「ふたつい」向かいに壱ノ座☎0185・73・3925）がある。

■問合せ先
能代市二ツ井地域局☎0185・73・2111、二ツ井観光タクシー☎0185・73・2211

■2万5000分ノ1地形図
鷹巣西部

岐に出る。右は散策路であずまやへ、ここは左へ進み、すぐに**権現窟**《くつ》、さらに巨岩に居座る天然杉に圧倒されながら行くと、凹穴の奇妙な岩壁・**法華**《ほっけ》**ノ岩屋**《いわや》に着く。

　この先、小尾根に上がると分岐があり、右に登って仁鮒分岐へ。ここから稜線上をひと登りすると、樹木に囲まれ、標柱が立つ広い**七座山**（権現倉）山頂である。

　山頂から稜線上を下って烏帽子倉、ハシゴのある分岐を越すと、展望台の建つ**箕倉**に着く。2018年に改築された展望台から眺める風景は、この山中の圧巻であり、眼下に流れる米代川と藤里《ふじさと》駒《こま》ヶ岳《がたけ》や森吉山《もりよしざん》などの眺望が楽しめる。

　箕倉のすぐ先で銀杏《いちょう》神社への左の道を見送り、稜線上の道を柴倉、三本杉倉、大倉へと進む。この先、北端・**松倉**の雑木林を下ると**松倉登山口**の車道に出て、米代川に沿って**天神登山口**まで戻る。

CHECK POINT

案内板や自転車置場のある天神登山口。手前にはトイレもある

奇岩・法華ノ岩屋。基部には石仏が並んでいる

広い七座山（権現倉）山頂。樹林に囲まれており、眺望はない

箕倉山頂に建つ展望台。米代川や周囲の田園が美しく広がる

七座山末端の松倉。ベンチがあるが、樹木に覆われ眺望はない

20

なまはげの里と伝説の寺社を訪ねる「お山かけ」

男鹿三山（真山・本山）

おがさんざん（しんざん・ほんざん）
567m（真山）
715.0m（本山・1等三角点）

日帰り

歩行時間＝4時間35分
歩行距離＝11.0km

技術度
体力度

コース定数＝**20**
標高差＝533m
累積標高差 765m 855m

男鹿市安全寺地区のなまはげラインから望む本山（左）と真山（右）

日本海に突き出た国定公園男鹿半島の荒々しい西海岸寄りに、ドーム型の主峰・本山を中心として、北に真山、南に毛無山《けなしやま》を連ねる山並みは、愛称として「男鹿三山」とよばれ、親しまれている。古来より赤神権現《あかがみごんげん》を祀る信仰の山で、平安末期からの熊野詣《くまのもうで》にちなんだ大峰道《おおみねどう》と称す修験者の道場として栄え、「詣で道」「お山かけ」として多くの登拝者でにぎわってきた山でもある。

男鹿三山への登山は北浦《きたうら》側の「なまはげ」ゆかりの真山神社から、門前《もんぜん》側の長楽寺《ちょうらく》から、それに航空自衛隊レーダー基地の車道を使ってのコースがある。ここでは真山神社から登り、長楽寺に下山する遊歩道として整備された「お山かけ」の縦走コースを歩いてみよう。

広域農道「なまはげライン」から真山地区へ向かい、最奥に建つ**真山神社**の正面から登る。ここにはトイレや売店、駐車場などがある。石段を登り、真山神社拝殿《はいでん》脇からうっそうと茂る杉木立の中を少し登ると五社殿《ごしゃでん》が現れ、この先、杉や雑木林の緩い尾根を行くと**八**《はち》**王**《おう》**寺跡**に出る。途中には首のない地蔵が散見される。

ここから平坦な道をたどり、ロープの張られた急坂を2度ほど登ると、展望台つきの真山神社奥宮の鎮座する**真山**山頂に着く。

真山山頂からは杉林の中の下りとなり、まもなく本山との鞍部《あんぶ》であるベンチのある休憩地・**フタツアイ**に出る。右への道は加茂青砂《かもあおさ》へ、直進はキントリ坂を登って直接本山に向かう道であるが、ともに廃道。左の道を行くと本山の天然杉の茂る北斜面と造林地の東斜

■**鉄道・バス**
往路の真山神社、復路の長楽寺ともにJR男鹿線男鹿駅からなまはげシャトル（予約制乗合タクシー）で入る。
■**マイカー**
国道7・101号（三種町、潟上市）から広域農道（なまはげライン）へ。以下本文参照。
■**登山適期**
5月中旬～11月上旬。積雪がなければ季節を問わない。とくに新緑と落葉後の大海原や本山一帯の眺望が見ごたえがある。
■**アドバイス**
▽五社殿先の分岐から、真山神社への道は自然観察路でもある。
▽自衛隊道路から本山へは、男鹿中地区から本山と毛無山との中間地の分岐まで車の乗り入れが可能（自衛隊加茂分屯基地に許可申請が必要）。
▽お山開きは5月下旬。
▽温泉は、湯本地区になまはげのゆっこ（☎0185・33・3715）、加茂地区にホテルきららか（☎0185・47・7220）がある。
■**問合せ先**
男鹿市観光課☎0185・24・9141、なまはげシャトル（乗合タクシー）☎0185・24・4700（男鹿市観光協会）
■**2万5000分ノ1地形図**
北浦・船川

CHECK POINT

真山神社の拝殿脇から石段を上がっていく

展望台つきの真山神社奥宮。かつてはうっそうと茂る天然杉に囲まれていた

本山分岐。ここから本山へは絶景を眺めながら車道を行く

トイレ棟がある毛無山の分岐。この先は毛無山の西面を巻いて進む

5棟の社殿が並ぶ五社堂。この先は999段もの石段下りが待っている

面を巻いて歯切水《はきれみず》にいたり、すぐ自衛隊の車道・**本山分岐**に飛び出す。途中に残されている、天を突く天然杉がみごとだ。

本山へは、眼下に広がる絶景を眺めながら右の車道を行く。突き当たりの正門から左へ柵沿いに踏跡を進むと**本山**山頂・赤神神社奥宮にいたり、右方に1等三角点があるが、レーダー基地内である。ここから車道へ直接下る踏跡もあるが、初級者向きではない。

本山分岐へ戻り、遊歩道を進むと、車道を横断して保護柵の中の道となる。西海岸や本山を木陰を透して眺めながら行くとトイレのある**分岐**に出て、この先は毛無山を巻いていく。この先、緩いブナ林の道をひたすら下り、5つのお堂が建ち並ぶ赤神神社**五社堂**に着く。鬼が一夜にして築いた伝説の999段の石段を下ると**長楽寺**・駐車場である。

本山分岐付近からの本山山頂部。パラボナアンテナが目印だ

21 二ツ森《ふたつもり》

真瀬川の渓谷を愛で、広大なブナ原生林を眺める

日帰り

1086・5m（3等三角点）

歩行時間＝1時間30分
歩行距離＝2・2km

技術度 体力度

コース定数	＝6
標高差	＝154m
累積標高差	↗240m ↘240m

山頂近くから広大なブナ原生林を望む。左端は白神岳、中央は向白神岳

トイレ棟やあずまやの建つ小公園からの母谷山(コラム)

二ツ森は対峙する真瀬岳《ませだけ》（988メートル）とともに、秋田と青森県境に連なる白神《しらかみ》山地の西端に位置する。両県にまたがるブナ原生林を貫く造林事業による広域基幹林道の青秋《せいしゅう》林道建設賛否問題で話題をまき、近年全国的に注目されるようになった山である。また、山域一帯は平成5年に世界自然遺産に、同16年には県立自然公園に指定されている。かつては両山とも登山としては対象外の山であったが、ブナ伐採により、年々林道が延長され、それに伴って歩道の整備も進み、登山が容易となった。

国道101号・八峰《はっぽう》町八森《はちもり》の真瀬川にかかる橋近くに青秋林道への起点があり、この林道の最奥に二ツ森への登山口がある。途中、真瀬岳へ通じる中《なか》ノ又《また》林道と一《いち》ノ又《また》林道を分けていくと、対岸に真瀬岳と白神岳《だけ》が望まれ、まもなく県境・**登山口**のある林道終点に着く。ここには、巡視管理棟やトイレ棟、駐車場などがある。

登山口から少し進むと道は2分

■**鉄道・バス**
公共交通機関の利用は不適。青秋林道の登山口へのタクシー（要予約）はＪＲ五能線八森駅から。

■**マイカー**
秋田道能代南ICまたは能代東ICから国道7号・国道101号経由で八森へ。以下本文参照。林道起点から青秋林道終点まで18キロの舗装道。

■**登山適期**
5月下旬～10月。春遅くまで残雪を抱く白神岳と、それを取り巻く日本最大のブナ原生林が織りなす新緑と紅葉が見どころ。

■**アドバイス**
▽二ツ森周辺は、国の自然環境保全地域に指定されている。
▽真瀬岳は林道通行止め。コースも荒れており、初心者向きではない。
▽山開きは5月第4土曜日。
▽真瀬川流域のほぼ全域は、林業事業地として栄えてきた経緯がある。林道上ではみごとなブナ林は望めないが、ＪＲ五能線東八森駅近くの留山には太いブナ林が残されており、遊歩道もある。ただし入山は申し込みが必要。詳細は八峰町役場へ。
▽真瀬渓谷には、玄武岩の大岩がつくりだした奇勝の三十釜、黒く光る岩肌の黒滝、また森林科学館を中心とした「ぶなっこランド」（☎0185・77・3086）などがある。
▽水沢ダムの上流にブナの森公園が

CHECK POINT

1

青秋林道から真瀬岳（右）と白神岳（左奥）を望む

2

巡視管理棟やトイレ棟の建つ二ツ森の登山口

3

登山口から少し登ると、標柱の立つ県境に出る

4

山頂近くから青森側を望む。中央は白神岳、右は向白神岳

5

ササや雑木で眺望不良の二ツ森山頂。秋田側は一部眺望が利く

―近くにある山―
母谷山《もやさん》 276・0m（3等三角点）

母谷山は八峰町目名潟地区の頭上に鎮座する。山頂には太平山神社（平成3年増築）が祀られ、古くから地元民の信仰の篤い里山である。

同地区の農免道路に立つ案内板や標柱から林道に入り、途中の分岐を左に進むと終点の小公園に着く。ここにはトイレ棟やあずまや、駐車場があり、正面の鳥居が登山口。参道を進むと小尾根の急坂となり、眺望の広がる母谷山山頂にいたる（登山口から約25分）。

し、左はすぐ展望台、右の山頂への道を進むとブナの茂る県境上の下りとなる。右手の沢は粕毛《かすげ》川の最源流部、三蓋《さんがい》沢だ。

鞍部から少し行くと、やがて山頂への登りとなり、灌木やササの茂る稜線上を登ると眺望が広がり、青森側の広大なブナ原生林が望まれる。この先粕毛川源流部を望みながら進むと、まもなく小祠と3等三角点のある**二ツ森**山頂である。やぶ化が進む狭い山頂からは、粕毛川流域の藤里駒《ふじさとこま》ヶ《が》岳《たけ》や小岳《こだけ》、長場内《おさばない》岳《だけ》の山々が望まれるが、青森県側は岩木山《いわきさん》、白神岳などの眺望以外はあまり期待できない。

下山は往路を戻る。

あり、登山も楽しめる。
▽温泉は、八森いさりび温泉（☎0185・77・2770）、あきた白神温泉ホテル（☎0185・77・2233）がある。

■問合せ先
八峰町産業振興課☎0185・76・4605、第一タクシー☎0185・52・2211

■2万5000分ノ1地形図
二ツ森

小祠のある狭い小岳山頂。藤里駒や白神原生林などの眺望が広がる

22

白神山地でブナ原生林の眺望を楽しむ

小岳

こだけ

1042・5m（3等三角点）

日帰り

歩行時間＝3時間10分
歩行距離＝5・0km

技術度

体力度

コース定数	＝12
標高差	＝445m
累積標高差	↗465m ↘465m

小岳は、秋田と青森県境にまたがる白神《しらかみ》山地の一山で、藤里駒《ふじさとこま》ヶ《が》岳《たけ》の西隣に位置している。近年の白神ブナ問題で二《ふた》ツ森《もり》とともに一躍脚光を浴びてきた山である。昭和39年には藤里駒ヶ岳とともに県立自然公園に指定され、上流部の粕毛《かすげ》川源流は人為的影響の少ない河川の原生流域地として保護されている。また、平成2年には森林生態系保護地域に、さらに平成4年には、粕毛川源流部が青森県側とともに自然環境保全地域に指定され、翌年末には世界遺産に登録された。

小岳登山口へは、二《ふた》ツ井《い》から藤琴《ふじこと》を経て素波里《すばり》園地にいたり、その先、粕毛と大滝《おおたき》の両林道を繋いだ21キロの長い車道のアプローチとなる。素波里湖上流にある独鈷森《どっこもり》をすぎると、やがて藤里駒ヶ岳への樺岱《かばたい》林道入口に着くが、この先さらに進んだところに大滝林道の入口がある。

大滝林道は上部で右の林道を行くと頭上の869メートル

二ツ井の荷上場地区からの小岳（左、右は藤里駒ヶ岳）。小岳は麓からその姿がなかなか見られない

■鉄道・バス
公共交通機関の利用は不適。

■マイカー
秋田道二ツ井白神IC～国道7号で二ツ井を経て、県道317・322号で素波里園地へ。以下本文参照。林道の状況は当該自治体に要確認。

■登山適期
6～10月。粕毛川原生流域を身近に眺められ、山一面が芽吹く新緑期と紅葉期が最適。

■アドバイス
▽小岳の登山史は浅く、粕毛川中流部のブナ伐採と杉植林により年々奥地開発され、その林道の延長によって、昭和48年ごろからようやく登山者などに利用されるようになった。
▽山頂は、県境より200メートルほど秋田県側にある。
▽素波里湖はふるさと自然公園の素波里園地があり、キャンプ場などの野外活動施設やレストハウス、自然公園センターなど、総合レジャーが楽しめる。
▽温泉は藤琴の湯の沢温泉郷に、ゆとりあ藤里（☎0185・79・1070）、和みの湯（☎0185・79・2710）がある。

■問合せ先
藤里町商工観光課☎0185・79・2115

■2万5000分ノ1地形図
冷水岳

小岳山頂から望む藤里駒ヶ岳（右端、左端は冷水岳）

峰からのびた尾根に出る。ここが**登山口**で、駐車場やトイレ、巡視監理棟、案内板などがある。

管理棟の向かいから木段を上がって小沢を渡る。この先、混交林の登りが続き、８６９《メートル》峰の東肩に着く。平坦な道を行くと、また小沢を渡る。

ここからすぐにブナ林の小尾根の登りとなり、樹間から山頂も望まれ、まもなく山頂からのびた尾根上の**分岐点**に着く。緩い尾根筋の道から急な木段を登るとブナ林も終わり、しだいに高山風を帯びてくる。少し先で露岩を越し、ハイマツやイヌツゲが一面に茂る中を進むと、山《やま》ノ神《かみ》の小さな祠と3等三角点のある**小岳**山頂である。山頂は狭いが眺望はよく、西方眼下に広がる粕毛川源流一帯のブナの樹海や、えんえんと連なる白神の山々、隣接する藤里駒ヶ岳、遠方には岩木山《いわきさん》や森吉山《もりよしざん》が望める。

下山は途中の**分岐点**から平成13年に新設された新道のブナの尾根を下り、**旧林道**に出て駐車場のある**登山口**に戻る。

CHECK POINT

駐車場やトイレ、巡視監理棟などがある登山口。監理棟の手前が旧道登山口

平坦な道を進んで小橋を渡る。水場は早い時期に渇水してしまう

新旧コースの分岐点。この先山頂へは緩いブナ林の尾根をたどっていく

急な木段を登ると高山の趣となり、ハイマツやイヌツゲなどの茂る明るい尾根を登りきると山頂だ

23

湿原に教育林、渓谷など、見どころ多い深山

藤里駒ヶ岳

ふじさとこまがたけ

1158・1m（2等三角点）

日帰り

歩行時間＝2時間50分
歩行距離＝4・0km

技術度

体力度

コース定数＝11

標高差＝367m

累積標高差 415m 415m

藤里駒ヶ岳は、秋田・青森県境を東西に走る世界最大級のブナ原生林をいだく白神山地の、ほぼ中央部に位置する。毎年4月下旬ごろ、前岳《まえだけ》の山腹に駒の雪形が現れることから、その名がつけられ、古くから近郷農家の人々に農作業の暦の役割を果たしている。

この山の東側を流れる藤琴《ふじこと》川には、奇岩怪石が連なる太良《だいら》峡があり、西側を流れる粕毛《かすげ》川の素波里《すばり》と合せて、「藤里峡」と愛称され、山とともに県立自然公園に指定されている。

藤里駒ヶ岳へは藤琴が起点となる。コースは太良峡のある東側からと、素波里湖のある西側からの2つあるが、ここでは利用者の多い東側からの黒石沢《くろいしざわ》コースを行く。

登山口へは藤琴川沿いの県道317号西目屋《にしめや》二《ふた》ツ井《い》線を走り、太良峡先で左の黒石林道を終点までたどる。駐車場のある**登山口**には、案内板やトイレ棟が建っている。

登山口から少し進むと**分岐点**に出る。左は平成13年に新設された

↑二ツ井・荷上場地区からの藤里駒ヶ岳。早春の頃、前岳の山腹に勇壮な雪形が現れる

開花期には別天地となる田苗代湿原

■鉄道・バス
公共交通機関の利用は不適。黒石沢登山口へのタクシー（要予約）はJR奥羽本線二ツ井駅から。

■マイカー
秋田道二ツ井白神ICを降り、国道7号二ツ井経由で県道317号（西目屋二ツ井線）を進む。藤琴から登山口のある黒石林道終点までは32㌔の長い舗装道を約1時間進む。

■登山適期
6～10月。滝と奇岩の織りなす太良峡、自然観察教育林の岳岱や森林スポーツ林のくるみ台など、新緑と紅葉期ともに登山と併せて楽しめる。

■アドバイス
▽**樺岱コース** 南面の素波里湖から、粕毛と樺岱林道を経て登山口へ。藤琴から26㌔（約1時間）。杉林からブナ平を経て前岳を巻き、崩壊地の急斜面を登って山頂にいたる（登り2時間30分）。

▽太良峡は黒石林道入口手前にある。遊歩道は崩壊通行不可。

▽黒石林道沿いに、くるみ台（キャンプ場、炊事場やトイレあり）と岳岱（ブナの風景林でトイレや休憩所あり）がある。

▽温泉は藤琴の湯の沢温泉郷に、ゆとりあ藤里（☎0185・79・1070）、和みの湯（☎0185・79・2710）がある。

■問合せ先

ブナ林の尾根を登って山頂にいたる新コース。右はすぐ先で田苗代《たなしろ》湿原に出て、前方の主稜線を登って山頂にいたる旧コースである。分岐点から右へ湿原の中の木道を行く。湿原の先でブナ林の緩い斜面となり、やがて主稜線上との鞍部《あんぶ》に出る。ここからしばらく登りが続く。ブナや混交林の茂る中を苔むした石に注意しながら登ると、標柱の立つ新道との**分岐**に着く。この先、灌木の中を左方を眺望しながら進むと、2等三角点と標柱の立つ**藤里駒ヶ岳**山頂である。

山頂からの眺望は雄大で、北にピラミッド型の岩木山《いわきさん》が浮かび、西に広大なブナ原生林を抱く白神山地の山々が、眼下には素波里湖がブルーの輝きをくり広げている。

下山は先ほどの**分岐**から右へ、ブナ林の続く尾根筋を下る。下り立ったところが旧道との**分岐点**で、まもなく**登山口**に戻る。

藤里町商工観光課☎0185・79・2115、二ツ井観光タクシー☎0185・73・2211

■2万5000分ノ1地形図

冷水岳・羽後焼山

CHECK POINT

黒石沢の登山口。案内板やトイレ棟が建っている

▼

小沢を渡ると新旧コースの分岐に出る。直進の木道は旧コースの田苗代湿原へ

▼

鞍部から主稜線上の道をたどる。右への冷水コースは廃道となっている

▼

上部で再び新旧コースが合流する。ここから山頂へは明るく眺望のよい稜線歩き

▼

眺望の広がる藤里駒ヶ岳山頂。背後に岩木山、眼下に素波里湖が望まれる

24 登山口に温泉が湧く近年整備された里山

高山

たかやま
388・6m（3等三角点）

日帰り
歩行時間＝1時間55分
歩行距離＝2・7km

技術度 ▲
体力度 ♥

コース定数	=8
標高差	=316m
累積標高差	↗318m ↘318m

↑坊中集落への橋付近からの高山。左は世界遺産センター、中央はゆとりあ藤里

←高山山頂。展望盤の先に長場内岳など粕毛の山々が望まれる

高山は藤里《ふじさと》町藤琴《ふじこと》地区の北方、山裾の湯《ゆ》の沢《さわ》集落のすぐ頭上にある里山で、裾野を流れる藤琴川の対岸にある集落周辺からは、こんもりと盛り上がった山姿で望まれる。山裾には坊中《ぼうちゅう》や寺屋布《てらやしき》など山岳信仰に関わる地名の集落があり、かつては七座山《ななくらさん》などとともに修験道の修行場として栄えていたものと伝えられている。

近年は牧草地として生活色の濃い里山であったが、藤里駒ヶ岳《こまがたけ》など白神《しらかみ》山地の観光化に伴って、平成11年に標柱やあずまや、登山道などが整備され、登山として楽しめる山となった。平成16年には藤里駒ヶ岳とともに秋田白神県立自然公園に指定されている。

高山への登山口は3箇所あるが、ここでは西側の湯の沢からのコースを紹介しよう。

藤琴から湯の沢地区に向かい、世界遺産センター前を右折すると、すぐ先にホテルゆとりあ藤里があり、ここの**駐車場**を利用する。

登山口は少し先の民家の庭先にある。杉林を進むと**分岐**があり、下山で通る旧温泉保養所（藤乃湯）

■鉄道・バス
往路・復路＝JR奥羽本線二ツ井駅から秋北バスで湯の沢温泉へ。バスは便数が少ないので、同駅からタクシー利用も考慮したい。

■マイカー
秋田道二ツ井白神ICから国道7号二ツ井、県道317号を経て湯の沢へ。以下本文参照。

■登山適期
4月下旬～11月上旬。1等三角点がある長場内岳など白神山地に残雪が残る新緑期、周辺の里山が色づく紅葉期が見どころ。

■アドバイス
▽**峨瓏峡**（がろうきょう）**コース**　滝の沢集落からのびる滝の沢林道途中に登山口があり、狭い林道を進んだ先から斜面を登って山頂への尾根上に出、杉林の平坦な道を進んで山頂にいたる（登り約1時間10分）。なお、滝の沢林道への通行の可否は当該自治体への確認を要する。
▽湯の沢集落の北にある滝の沢集落に峨瓏大滝、その奥に峨瓏峡が、また、湯の沢温泉には銚子の滝の各名所がある。
▽湯の沢集落西向かいの田中集落に、県指定天然記念物・樹齢500年以上の「権現の大イチョウ」がある。
▽温泉は、湯の沢温泉郷にホテルゆとりあ藤里（☎0185・79・1070）、和みの湯（☎0185・79・

からのコースと合流する。

分岐から左へ杉林を進むと電光型の登りが続き、急斜面の木段を登りきるとベンチのある**休憩地**に着く。

この先、雑木林の小尾根につくられた急な木段を登ると、明るい緩やかな山頂の一角に出て、すぐ先がベンチや展望盤、あずまやの建つ**高山**山頂である。

3等三角点や石仏などもある広い山頂からは、長場内岳《おさばないだけ》や小岳《こだけ》など白神山地の山々が望まれる。

下山は**分岐**まで戻り、左へ進むともうひとつの**登山口**・旧温泉保養所に着く。ここから車道をホテルゆとりあ藤里の**駐車場**へ戻る。

CHECK POINT

ホテルゆとりあ藤里側からの登山口。民家の庭先から杉林に入る

旧温泉保養所からのコースと合流する分岐。この先も杉林を行く

ベンチと標柱の立つ休憩地。雑木林の中の木段はこの先も続く

旧温泉保養所側の登山口。作業道跡がコースとなっている

2710）がある。

■**問合せ先**

藤里町商工観光課☎0185・79・2115、秋北バス能代営業所☎0185・52・5356、二ツ井観光タクシー☎0185・73・2211

■**2万5000分ノ1地形図**

藤琴

25

田代岳

神秘の魅力に満ちあふれる天上の楽園

日帰り

たしろだけ
1177・9m（1等三角点）

歩行時間＝4時間5分
歩行距離＝8・5km

技術度

体力度

コース定数＝16

標高差＝533m

累積標高差 545m 545m

五色湖から田代岳（正面奥）と湯ヶ森（その左）を望む

白神《しらかみ》山地の東端、青森県との県境近くに位置する田代岳は、東南に湯ヶ森《ゆがもり》、西に雷岳《らいだけ》、烏帽子岳《えぼしだけ》、茶臼岳《ちゃうすだけ》を連ねた山塊の主峰で、自然豊かな景観に恵まれ、山全域が県立自然公園に指定されている。

山頂には田代山神社が祀られており、古来より「嶽」とよばれ、山麓の人々に親しまれている。とくに九合目の標高1100メートル付近には、大小120ほどの池塘が散在する美しい湿原があり、この山最大の魅力となっている。

岩木山を背景に多くの池塘が散在する田代湿原を行く

毎年、半夏生《はんげしょう》の7月2日になると、周辺の農家の人々が池塘を「神の田」と称し、そこに生育するミツガシワを「稲っこ」に見立て、その年の稲作の豊凶を占うという水田信仰が伝承されている。

田代岳へは、荒沢《あらさわ》、大広手《おおひろて》、薄《うす》市沢《いちざわ》、上荒沢《かみあらさわ》、縦走の5コースあるが、ここでは最も登られている荒沢コースを紹介しよう。田代町岩瀬《いわせ》地区から地方道68号（白沢《しらさわ》田代線）に入り、越山《こしやま》から五色湖《ごしき》（山《やま》瀬《せ》ダム）の橋を渡って左への車道を走ると、ロケット燃料試験場との分岐があり、その左すぐ先のトイレのある駐車場に**登山口**がある（車で約1時間）。

駐車場から車道を少し進み、荒沢の橋を渡ると、案内板の立つ一合目。車道と分かれて左へクルミやホオノキ、ブナなどの茂る道を

■**鉄道・バス**

往路・復路＝公共交通機関の利用は不適。登山口へのタクシーはJR奥羽本線の大館駅または早口駅から。

■**マイカー**

秋田、大館方面から国道7号で田代町岩瀬地区へ向かい、地方道68号に入る。以下本文参照。

■**登山適期**

6～10月。初夏から盛夏にかけ、湿原は色鮮やかなお花畑、紅葉期には山一面が錦絵をくり広げる。

■**アドバイス**

▽**上荒沢口**は山頂への最短コースで、五合目で合流（山頂へ1時間20分）。**大広手口**は、荒沢口の手前に登山口があり、四合目で合流（山頂へ2時間20分）。**薄市沢口**は、大野集落から薄市沢林道に入り、終点・山の家から登る表参道。九合目で合流（山頂へ2時間40分）。縦走コースは、登山口～烏帽子岳間が廃道に近い。

▽五色ノ滝と糸滝は、五色湖上流の景勝地。五色湖に五色湖ロッジ・キャンプ場（☎0186・53・2010）、多目的運動公園などがある。

▽温泉は、スポーツ公園近くにたしろ温泉ユップラ（☎0186・54・2626）がある。

■**問合せ先**

大館市田代総合支所☎0186・43・7103、秋北タクシー☎0186・42・5454、富士タクシー☎

仮橋を渡って進むと**二合目・分岐**に着く。直進は沢コース、左は平成20年に新設された林内コースで、両コースは沢の上部で合流する。この先、少し登ると**三合目**のブナ岱《たい》である。

三合目から左へ眺望のない尾根を進むと、左から大広手コースが合流する四合目、さらに進むと右から上《かみ》荒沢コースと合流する**五合目**に着く。この先、太いブナの茂る緩い尾根が続き、登りきると田代湿原だ。広い湿原に池塘が散在し、まさに天上の楽園である。

池塘越しに岩木山《いわきさん》を眺めながら木道を進み、薄市沢コースとの分岐点の**九合目**から右手のササの斜面を登りきると、1等三角点と田代山神社の建つ**田代岳**山頂だ。

山頂からの眺望は抜群であり、藤里駒ヶ岳《ふじさとこまがたけ》に続く白神の山々や八甲田山《はっこうださん》、奥羽《おうう》の山々がえんえんと連なり、ピラミッド型の岩木山が浮かぶさまは、とくに壮観だ。

下山は往路を**登山口**へ戻る。

0186・42・1001

■2万5000分ノ1地形図
田代岳

CHECK POINT

1 広い駐車場とトイレのある登山口。車道を少し進むと一合目となる橋がある

2 かつて鳥居があった五合目。右から上荒沢コースが合流してくる

3 八合目先の湿原から目指す田代岳の山頂を望む

4 山頂に建つ田代山神社。大風被害が痛々しい（平成30年に改築予定）

26

十和田湖を眼下に、山上の花園・白地湿原へ

白地山

日帰り

しろじやま
1034・1m（1等三角点）

歩行時間＝5時間55分
歩行距離＝14・0km

技術度
体力度

コース定数＝22
標高差＝210m
累積標高差 710m 710m

白雲亭展望所付近からの十和田湖と十和田三山

白地山は、秋田と青森県境にまたがる本県唯一の国立公園十和田《とわだ》湖の西端に位置し、御鼻部山《おはなべやま》や十和田山《やま》などとともに、周囲をとり巻く外輪山の一角を形成している。山頂周辺一帯は、広大な白地の湿原が広がり、その西端に最高地点がある。この白地湿原は、特定の植物群落地として保護され、開花期にはキンコウカ、ワタスゲ、ヒナザクラなど数多くの高山植物を楽しめる。ここでは、樹海《じゅかい》ライン（昭和61年開通）の鉛山《なまりやま》園地から登る、標高差200㍍ほどの鉛山峠コースを紹介しよう。

白地湿原の木道。湿原は特定植物群落地として保護されている

登山口から石段を上がるとすぐに**鉛山峠**で、道は2分する。右の道は発荷《はっか》コースで、発荷峠にいたる。木道の続く左の道を進むと鉛山への分岐に着く。神秘的な青さをたたえる十和田湖の眺望が楽しめる**白雲亭《はくうんてい》展望所**はすぐ先で、あずまやが建っている。

この先、平坦な道はダケカンバの茂る鉛山の山腹を、8つの小沢を巻いて**ミソナゲ峠**にいたる。峠では大川岱《おおかわたい》から登るミソナゲコースと合流し、眼下に大川岱集落が、その先に御倉《おぐら》半島や十和田三山の山々が望まれる。

峠から中間点と小沢を越すとブナやササ、それにキャラボクの茂る道となり、木陰を透して前方に山頂が見えてくると、まもなく997・4㍍の展望所・**大川岱分岐**に着く。コース中最も眺めのよい

■鉄道・バス
往路・復路＝公共交通機関の利用は不適。タクシー利用の場合はJR花輪線十和田南駅から。

■マイカー
東北道小坂ICから県道2号（樹海ライン）経由で鉛山園地の登山口へ。または東北道十和田ICから国道103号経由で発荷峠を経て鉛山園地へ。小坂から登山口まで約20分、発荷峠から登山口まで約5分。

■登山適期
6～10月。高度感あふれる外輪から望む十和田湖は天下絶景。大湿原に咲き誇る高山植物と併せての登山は格別だ。

■アドバイス
▽山開きは6月第1日曜日。
▽大川岱コースは、湖畔の大川岱集落から砂防ダムの続く大川沢沿いの林道を行く。途中の登山口からブナ林の斜面を登り、水場先の急坂を登って外輪に出て、展望所へ（山頂まで3時間）。ミソナゲコースは、大川岱から放牧跡地を通ってミソナゲ峠へ（山頂まで3時間30分）。
▽温泉は、康楽館近くに老人憩いの家あかしや荘（☎0186・29・2434）、大湯温泉郷に湯都里（☎0186・37・3188）がある。

■問合せ先
小坂町観光産業課☎0186・29・3908、豊口タクシー☎0186・29・

ところで、大川岱方面からのコースが合流している。

展望所から道は左折し、平坦で広いササの稜線には木道が続いており、やがて広い湿原へ飛び出す。この先、左から長引《ながびき》コースが、そしてすぐ先のササ地を越すと、右から碇ヶ関《いかりがせき》の久吉《ひさよし》林道コースが合流し、まもなくベンチに囲まれた**白地山**山頂である。1等三角点の山頂からは、外輪から離れて十和田湖は望めないが、北方に八甲田《はっこうだ》連峰や岩木山《いわきさん》、南方にえんえんと連なる北奥羽《きたおうう》の山々などが遠望される。

下山は往路を戻る。

・29・2525、十和田タクシー☎0186・35・2166

■2万5000分ノ1地形図
十和田湖西部

CHECK POINT

登山口となる鉛山園地からは、まずは石段を登って鉛山峠へ向かう

大川岱からのミソナゲコースが合流するミソナゲ峠

十和田湖の絶景が広がる大川岱展望所。右から大川岱からのコースが合流してくる

ベンチに囲まれ、八甲田連峰の眺望を楽しめる白地山の山頂

27 異色のアングルから十和田湖を望む十和田三山の一峰

十和利山

とわりさん
990・9m（3等三角点）

日帰り

歩行時間＝2時間50分
歩行距離＝5・5km

技術度
体力度

コース定数	＝11
標高差	＝378m
累積標高差（上り）	405m
累積標高差（下り）	405m

十和利山は秋田・青森の両県にまたがり、国立公園・十和田《とわだ》湖外《がい》輪山《りんざん》の一峰をなし、峰続きの戸来《へらい》岳《だけ》や十和田山《とわだやま》とともに「十和田三山」の愛称で親しまれている。登山口のある国道454号沿いの迷《まよ》ケ平《がたい》高原一帯は、牧歌的な広い開拓地。その周辺から望む十和利山は富士《ふじ》型の容姿で望まれる。

キリスト伝説の地・迷ヶ平からの十和利山。正面が登山口、右は異色の売店

十和利山山頂から十和田湖を望む。ひと味違った風景が広がる

また自然休養林に指定され、山腹には太いトチやカツラ、ブナなどの原生林をもち、とくにブナ林は特定植物群落に指定されている。

大きな鳥居があったところが**登山口**で、正面に山自体が御神体の山頂が樹間を透かして望まれる。国道をまたいで林道を行くと、ほどなく**分岐点**に着く。東と西のコースに分かれ、いずれも山頂で合流している。

ここでは比較的緩やかな西コースを行こう。広い道をしばらく進むと、やがて樹齢3～400年とも推定されるトチやカツラなどの大木が茂る樹林帯となり、**あずまや跡**に着く。

■**鉄道・バス**
往路・復路＝公共交通機関の利用は不適。迷ヶ平の登山口へのタクシーはJR花輪線十和田南駅から。

■**マイカー**
東北道十和田ICから国道103号で中滝へ向かい、国道104号、県道128号で迷ヶ平へ。または十和田湖から国道454号経由で迷ヶ平へ。迷ヶ平には大駐車場やトイレ、売店がある。

■**登山適期**
6～10月。新緑から紅葉の季節には、自然休養林の太いトチ、カツラ、ブナが見どころ。

■**アドバイス**
▽国道454号や県道128号（田代平大清水線）は冬期閉鎖。
▽この地に伝わるキリスト渡来など古代のロマンがあり、青森県新郷村にキリストのものとされる墓がある。
▽温泉は、大湯温泉郷に湯都里（☎0186・37・3188）がある。旅館やホテルは大湯温泉観光協会（☎0186・37・2960）に問合せのこと。

■**問合せ先**
鹿角市産業活力課☎0186・30・0248、新郷村企画商工観光課☎0178・78・2111、十和田タクシー☎0186・35・2166

■**2万5000分ノ1地形図**
十和田湖東部・中滝

この先、樹林帯の斜面を登ると杉林の緩い小尾根となり、ブナ林を登りきって**県境**に出る。道は真東に変わり、ブナの稜線を登っていくと山頂部で東コースとの分岐に出合う。右折するとすぐに視界が開けた**十和利山**山頂に飛び出す。

やや広い山頂には3等三角点があり、眼下の十和田湖と北方に対峙する戸来岳や十和田山が望まれ、南麓は広大な牧草地の原野や農地、風力発電施設が林立する迷ヶ平高原が展開する。

下山は県境沿いの東コースをとる。少し行くとササとダケカンバの急な斜面を下り、やがてみごとなブナやカツラの茂る緩い尾根筋の道となる。この先、涸れた小沢をまたぐと、ほどなく東西コースの**分岐点**に着く。

ここから往路をたどって迷ヶ平の**登山口**に戻る。

CHECK POINT

かつて大鳥居があった迷ヶ平登山口。この先のキャンプ場も廃止されている

東コースと西コースの分岐点。左の作業道跡へ進んでいく

水場やあずまや、トイレがあった場所も、いまや廃墟となってしまった

杉林とブナ林を登っていくと、秋田・青森県境の尾根に出る。ここから右へ進む

山頂近くの県境尾根から望む戸来岳(左が三ツ岳、右が大駒ヶ岳)

標柱が立ち、明るく小広い十和利山の山頂。十和田湖や天気がよければ岩木山も望まれる

28

羽保屋山

林業で栄えた街奥の里山を味わう

はほやさん
593・2m（3等三角点）

日帰り

歩行時間＝2時間45分
歩行距離＝5・5㎞

技術度
体力度

コース定数＝12
標高差＝412m
累積標高差 505m 505m

←登山口近くの長木沢林道から望む羽保屋山山頂（右）と前岳（左）

←前岳を越すと杉並木の登りとなり、羽保屋山の山頂はすぐだ

奥羽《おうう》山脈の北部、高森《たかもり》山地に属す羽保屋山は、大館《おおだて》市から小坂《こさか》町へいたる樹海《じゅかい》ライン沿いにある雪《ゆき》沢《さわ》地区の北方に位置している。

周辺を標高400《メートル》前後の里山に囲まれ、山姿は近づかないと望めないが、山頂に羽保屋大神の小社が建ち、古くから信仰の山として里の人々に崇拝されている。

また、小坂鉱山の煙害被害復旧のモデルでもあったが、大館市のシンボルである鳳凰山《ほうおうざん》の陰となり、一般的に知名度は低い。

羽保屋山への登山道入口は、大館市または小坂町から地方道2号大館十和田《とわだ》湖線沿いの雪沢地区・水沢《みずさわ》集落の旧雪沢小学校前にある。

ここから茂内《しげない》屋敷と石淵《いしぶち》の集落を経て二《ふた》ツ屋《や》先で長木沢《ながきさわ》林道への橋を渡ると、まもなく鳥居が建ち、

■鉄道・バス
往路・復路＝公共交通機関の利用は不適。羽保屋山登山口へのタクシーはＪＲ奥羽本線・花輪線大館駅から。

■マイカー
東北道小坂ICまたは国道7号の大館市街から地方道2号（樹海ライン）経由で雪沢地区へ。以下本文参照。

■登山適期
5月～11月上旬。山頂尾根に咲くツツジと周辺に連なる里山の新緑、紅葉が見どころ。

■アドバイス
▽樹海ラインから羽保屋山登山口まで5《キロ》ほどの舗装道。
▽**御滝**　御滝分岐から沢に降り、沢中を少し進むとある（約10分）。
▽2・5万分の1地形図には東から前岳へ、北から山頂への歩道が明記されているが、ともに廃道。また、神社のマークが山頂北につけられているが、実際は三角点の脇にある。
▽温泉は長木渓流の雪沢温泉清風荘（☎0186・50・2030）、雪沢温泉四十八滝温泉（☎0186・50・2031）がある。

■問合せ先
大館市観光課☎0186・43・7072、秋北タクシー☎0186・42・5454、サクラ観光（タクシー）☎0186・48・2332

■2万5000分ノ1地形図
小坂・陸中濁川

CHECK POINT

鳥居の建つ羽保屋山登山口への入口。すぐ先に駐車地がある

駐車地前の吊り橋を渡り、その先は作業道跡を進んでいく

御滝分岐。右は御滝へ、山頂へは左の杉林の中の作業道跡を進む

作業道跡の終点にある中御殿。ここから登りが続く

羽保屋山山頂に祀られている小さな神社

駐車スペースのある**登山口**に着く。登山口からすぐに吊り橋を渡り、作業道跡を行く。途中で左折して進むと**御滝《おんたき》分岐**があり、さらに杉林の中を進むと作業道跡終点・**中御殿《なかごてん》**の小祠に出る。この先、カラマツ林を通り、つづら折りの急坂を登りきると平坦地となり、まもなく杉木立のある**前岳《まえだけ》**山頂に着く。

前岳をあとに進むと山頂は眼前で、ツツジの茂る眺望のよい尾根筋を登ると、羽保屋大神を祀る小社の建つ3等三角点の**羽保屋山**山頂に登り着く。

下山は往路を戻ろう。

羽保屋山の山頂直下から大館市街方面に広がる里山を望む

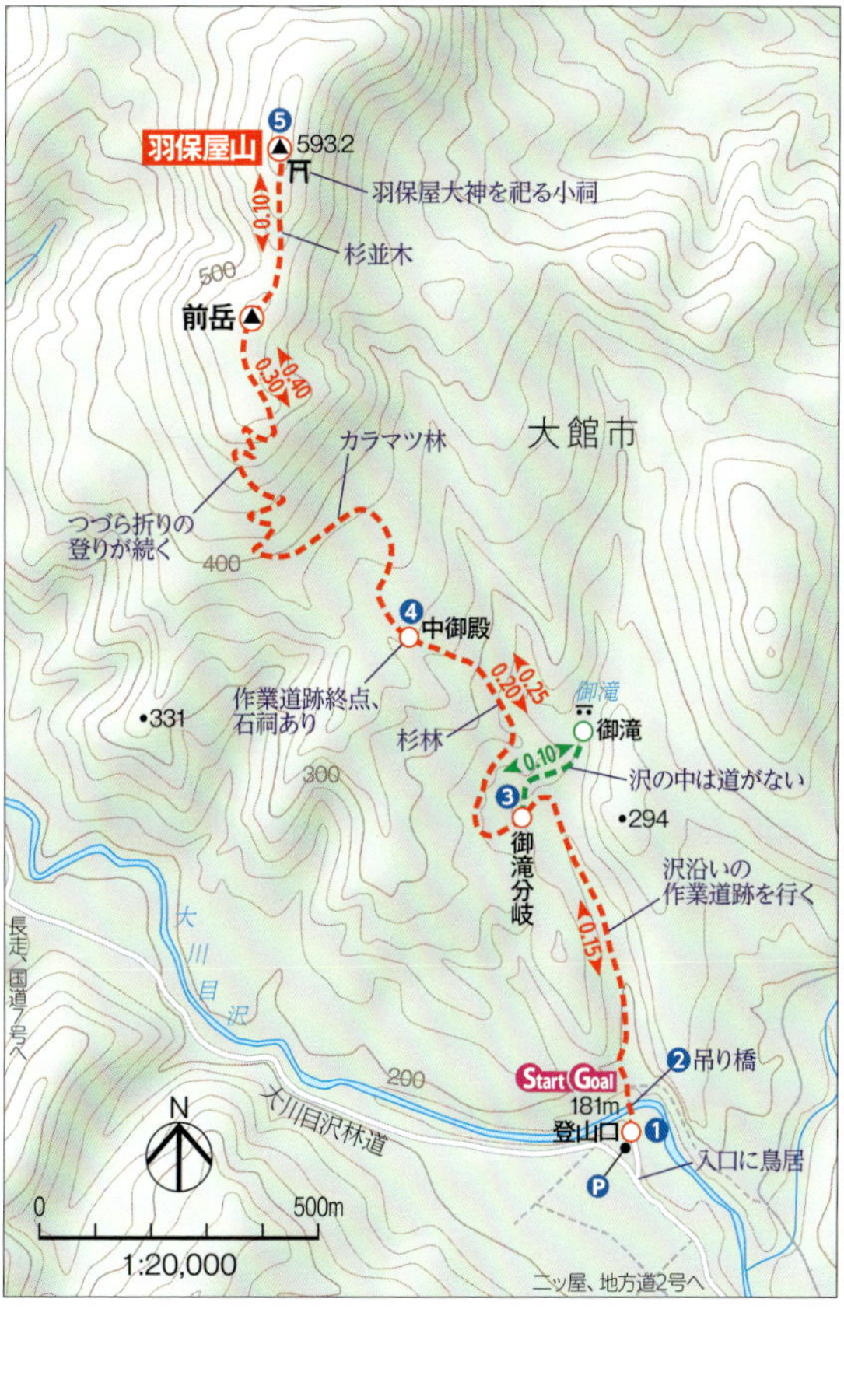

29

日帰り

大山

おおやま
376m

古杉の並木や修行場のある大館の小山

歩行時間＝1時間15分
歩行距離＝1・5㎞

技術度
体力度

コース定数＝5
標高差＝180m
累積標高差 197m 197m

↑松峰地区から望む大山。山頂に建つアンテナがトレードマークだ

←山頂から大館市街と高森方面の山々を望む

大山は大館《おおだて》市街の北方、かつては鉱山で栄えた花岡《はなおか》町のすぐ北隣にあり、山裾の松峰《まつみね》地区の頭上にアンテナ塔の目立つ烏帽子《えぼし》型の里山である。古名は松峰不動尊にちなんで松峰山とも称され、山頂直下の中腹には由緒ある松峰神社が鎮座している。また、神社への参道には40数本の古杉が並び、山中には修験者の修行場などもあり、小山ながらも十分楽しめる。

大山へは、松峰地区の北はずれから花岡鉱山跡方面へ進むと案内板があり、さらに進むと林道は2分する。ここには展望盤や石碑が立ち、左へ進むと大鳥居や駐車場のある**登山口**に着く。

ここでは登山口から北回りコースを登ろう。杉林を登り、小尾根に出ると、道は2分する。左は参道で、登るとすぐ修行場の東覗《ひがしのぞき》岩と窓《まど》岩がある。

■鉄道・バス
往路・復路＝公共交通機関の利用は不適。登山口へのタクシーはJR奥羽本線・花輪線大館駅から。

■マイカー
秋田道大館北ICから国道7号釈迦内、県道192号（釈迦内花岡白沢線）経由で松峰へ。以下本文参照。

■登山適期
4月下旬～11月上旬。市街地周辺に広がる里山の新緑と紅葉期は見ごたえがある。由緒ある松峰神社の散策も楽しみたい。

■アドバイス
▽松峰地区から登山口まで2㌔ほどの砂利道。
▽平安朝期のものとされる三鈷鈴（東京国立博物館蔵）が出土された松峰神社の境内には、草八幡、オバ石、オコ石、夜泣石などの小祠がある。
▽温泉は、花岡地区に花岡温泉（☎0186・46・1171）がある。

■問合せ先
大館市観光課☎0186・43・7072、秋北タクシー☎0186・42・5454、サクラ観光（タクシー）☎0186・48・2332

■2万5000分ノ1地形図
大館

CHECK POINT

鳥居が建つ松峰神社の入口。登山口は右手側にある

小尾根に出ると分岐があり、左の参道を進むと東覘岩へ向かう

窓岩や東覘岩がある修行場

3基のアンテナ塔や標柱、展望盤のある大山山頂

長い石段と太い杉並木の松峰神社参道

この先、小尾根を登るとまた道は2分する。左は巻道で、少し先の狭い林道に出て再び尾根道と合流する。

林道合流点から林道を少し登ると、展望盤や石祠があり、アンテナ塔の建つ**大山**山頂である。

アンテナ塔の裏側から大館市街を一望できるが、山頂からは樹木と塔がじゃまし、かつてのパノラマ展望は期待できない。

下山は南回りコースをとる。隣接するアンテナ塔の建つ急な尾根筋を下り、鞍部の分岐点に出る。ここから左へ杉林の中を下ると、中腹に鎮座する松峰神社に着く。

トイレがある神社から参道の長い石段を下って杉並木を通ると、**登山口**に戻る。なお、神社からは林道を下ってもよい。

―近くにある山― 三哲山《さんてつさん》 393.9m（3等三角点）

大館市中山地区から国道を十二所方面に向かうと、真正面にひときわ小高く望まれる里山が三哲山で、古名は蝦夷ガ森。山名は、藩政時代に三哲（学問、武芸、医術）に優れた千葉秀胤を、後世になって祀る三哲神社を中腹に建立させたことに由来するという。

登山口は十二所寄りの山裾にあり、階段を上がって杉林を登ると、三哲神社がある。ここから山頂へは林道をたどって登り、アンテナ塔が建ち、奥宮の碑や3等三角点のある三哲山山頂にいたる。山頂からの眺望は抜群で、西方に大館方面、北方に小坂方面の山々が望まれる。なお、西山裾に三哲神社への狭い林道の入口がある。

登山口（15分）三哲神社（1時間）三哲山

大館市十二所地区から三哲山を望む

30 鳳凰山・秋葉山

大舘のシンボル・祖先の功績を讃えるふるさとの山

ほうおうざん 520・6m（4等三角点）
あきばさん 328・7m（3等三角点）

日帰り

Ⓐ鳳凰山 歩行時間＝2時間15分 歩行距離＝4・0km
Ⓑ秋葉山 歩行時間＝1時間30分 歩行距離＝2・7km

技術度
体力度

コース定数＝Ⓐ10 Ⓑ4

標高差＝Ⓐ401m Ⓑ139m

累積標高差 Ⓐ↗418m ↘418m Ⓑ↗167m ↘167m

大館市郊外からの長木川越しの鳳凰山。「大」の字がトレードマーク

大館市街の絶景が広がる大の字第一画を行く

大館《おおだて》市の郊外に、山腹に「大」の字を刻んで鎮座する鳳凰山は、古くから大館地方のシンボルの山として親しまれている。山名は室《むろ》町《まち》時代にこの地を治めていた豪族・浅利《あさり》氏が、山の麓に守瑞禅師を開山として禅寺の鳳凰山玉林寺《ぎょくりんじ》を建立したことに由来するという。山麓には長根山《ながねやま》総合運動公園や大館少年自然の家などがあり、多くの市民に利用されている。また毎年、送り盆には、山腹で先人の霊を慰める大文字焼きが行われ、長木川の花火大会とともに、大館の夏の風物詩となっている。

秋葉山は鳳凰山の西に位置し、山中に秋葉山神社が建っている。

Ⓐ鳳凰山 鳳凰山へは、長根山運動公園の岩神《いわがみ》貯水池先にある長根山登山口から登るのが一般的だが、ここでは斜面は少し急だが時間の短い茂内《しげない》地区の雪沢一《ゆきさわいち》の渡《わたり》コースを登ってみよう。

大館市から小坂《こさか》町への地方道2号大館十和田《とわだ》湖線を4㌔ほど走ると茂内地区にいたる。少し先の橋を渡ると右手にホテルがあり、その脇から林道を1㌔ほど行くと、数台の駐車が可能な**登山口**に着く。

■鉄道・バス
往路・復路＝公共交通機関の利用は不適。Ⓐ、Ⓑともにタクシーは JR奥羽本線・花輪線大館駅から。

■マイカー
Ⓐ、Ⓑともに国道7号または国道103号で大館市内へ。地方道2号（大館十和田湖線）経由で茂内へ。以下本文参照。

■登山適期
4月下旬～11月上旬。鳳凰山、秋葉山ともに山頂から眼下に広がる大館市街の俯瞰は、四季を問わず格別。

■アドバイス
▽**長根山コース** 長根山運動公園の大駐車場が登山入口。岩神貯水池先のピクニック広場が登山口で、愛鳥の森と沼の窪の2コースがある。いずれも上部の尾根筋で合流して鳳凰山山頂へ（約2時間30分・Ⓐ）。
▽岩神貯水池からは秋葉山への展望台コースやすず風コース（Ⓑ）、岩神山（192㍍）のコースなどがある。
▽温泉は、樹海ドーム近くにふるさわおんせん光葉館（☎0186・48・4295）がある。

■問合せ先
大館市観光課☎0186・43・7072、秋北タクシー☎0186・42・5454、サクラ観光（タクシー）☎0186・48・2332

■2万5000分ノ1地形図
大館・小坂

ここから広い作業道がのびており、途中にある作業小屋まで続く。杉林からナラやアカマツの林に変わり、さらに杉林を越えていくと、上部に将棋の駒の形の中に描かれた大文字の第二画末端が見え、まもなく作業小屋に着く。

右への登山道を少し登ると視界が開け、第一画の端に出る。ここから火床の並ぶ全長120㍍《メートル》の第一画を進むが、中ほどで第二画と交差し、まもなく長根山コースとの**分岐点**に着く。

分岐からは一直線にのびた急坂の道となり、登りきるとアカマツの茂る**鳳凰山**山頂である。薬師《やくし》や地蔵尊《じぞうそん》が祀られ、方位盤や4等三角点のある山頂からは大館市街地が眼下に一望できる。

下山は往路を戻る。

Ⓑ秋葉山　大館少年自然の家前にあずまやの建つ**登山口**があり、アカマツや杉の茂る尾根筋を進むと、急坂とナイトコースの分岐に着く。いずれをとっても上部で合流し、最後のひと登りで大館市街を一望できる**秋葉山**山頂に出る。

下山は往路を戻る。

CHECK POINT

Ⓐ鳳凰山

伐採で明るくなった雪沢一の渡コースの登山口。駐車地から作業道を登っていく

鳳凰山の広い山頂から大館市街を俯瞰する

Ⓑ秋葉山

長根山・大館少年の家からの秋葉山。駐車場にはトイレもある

秋葉山山頂から大館市中心街の絶景を望む

中岳眺望地まで来ると、はじめて目指す中岳が姿を現す

31

日帰り

人知れずひっそりとそびえる1等三角点の山

中岳・四角岳

ちゅうだけ　1024・2m（1等三角点）
しかくだけ　1003m

歩行時間＝4時間35分
歩行距離＝10・5km

技術度
体力度

コース定数＝18
標高差＝578m
累積標高差　735m　735m

　山頂に1等三角点のあることから、近年ようやくその名が登山界に知られるようになった中岳は、大湯《おおゆ》の東方、秋田と青森、そして岩手3県の要に位置する四角岳（別名・東山《ひがしやま》）のすぐ西隣にある。ピラミッド型の美しい山頂部は、山懐が深く、平坦な山頂をなす四角岳ともども、山麓から望むことができない。しかし、平成6年に青森県側に四角岳への登山道が新設されて以来、三角点愛好者だけでなく、一般登山者にも静かな人気をよんでいる。

　山麓の大湯からのびる不老倉《ふろうくら》林道の終点一帯は、明治・大正期には、大湯よりにぎわっていた不老倉鉱山跡がある。往時には東上方の来満《らいまん》峠や不老倉峠、また四角岳と中岳の鞍部《あんぶ》を越して、青森県側の田子《たっこ》や岩手県側の田山《たやま》方面からも労働者が往来し、鉱山で使用する諸物資の運搬路としてにぎわっていたという。

　大湯の新《しん》橋を渡ってまもなく、右に国道から分かれて来満橋を渡り、下折戸《しもおりと》集落を経て終点の不老倉までの林道を行く。林道の奥で来満峠方面への林道を左に見送ると、まもなく駐車地のある堰堤に着く。ここが**不老倉登山口**で、標柱が立っている。

　堰堤から作業道跡50㍍先の左に登山道の入口がある。ここから杉林の中、つづら折りの急坂となり、登りきると道は緩くなって峠を目指してのびている。小沢を回るとすぐ県境上の**不老倉峠**で、直進して東へ下り田子にいたる道は廃道となっている。

■**鉄道・バス**
往路・復路＝公共交通機関の利用は不適。不老倉登山口へのタクシーはJR花輪線十和田南駅から。

■**マイカー**
東北道十和田ICから国道103号大湯へ。以下本文参照。

■**登山適期**
6～10月。5月下旬ごろのタケノコ採りの時期以外は登る人は少ない。山頂までの一帯はササが多く、紅葉期よりは新緑期をすすめたい。

■**アドバイス**
▽**田山コース**（岩手側）切通林道終点から分校跡地、四角鉱山跡地を経て中岳と四角岳との鞍部にいたる（中岳・四角岳山頂へ約2時間30分）。
▽**田子コース**（青森側）花木ダム先の林道終点から、ブナ伐採地の作業道を行き、ブナの尾根を登って四角岳山頂へ（約1時間30分）。
▽四角岳山頂のすぐ北西側に小湿原がある。往時には山頂一帯に柵が張られ、放牧地として活用されていたという。
▽来満橋を渡ってすぐ先の左への白山林道2㌔先に小衣ノ滝がある。
▽毎年、秋田、青森、岩手の3県による合同登山が実施されている。
▽最近は熊の出没が多く、要注意。
▽温泉は、大湯温泉郷に湯都里（☎0186・37・3188）がある。大湯温泉の共同浴場は共同浴場利用

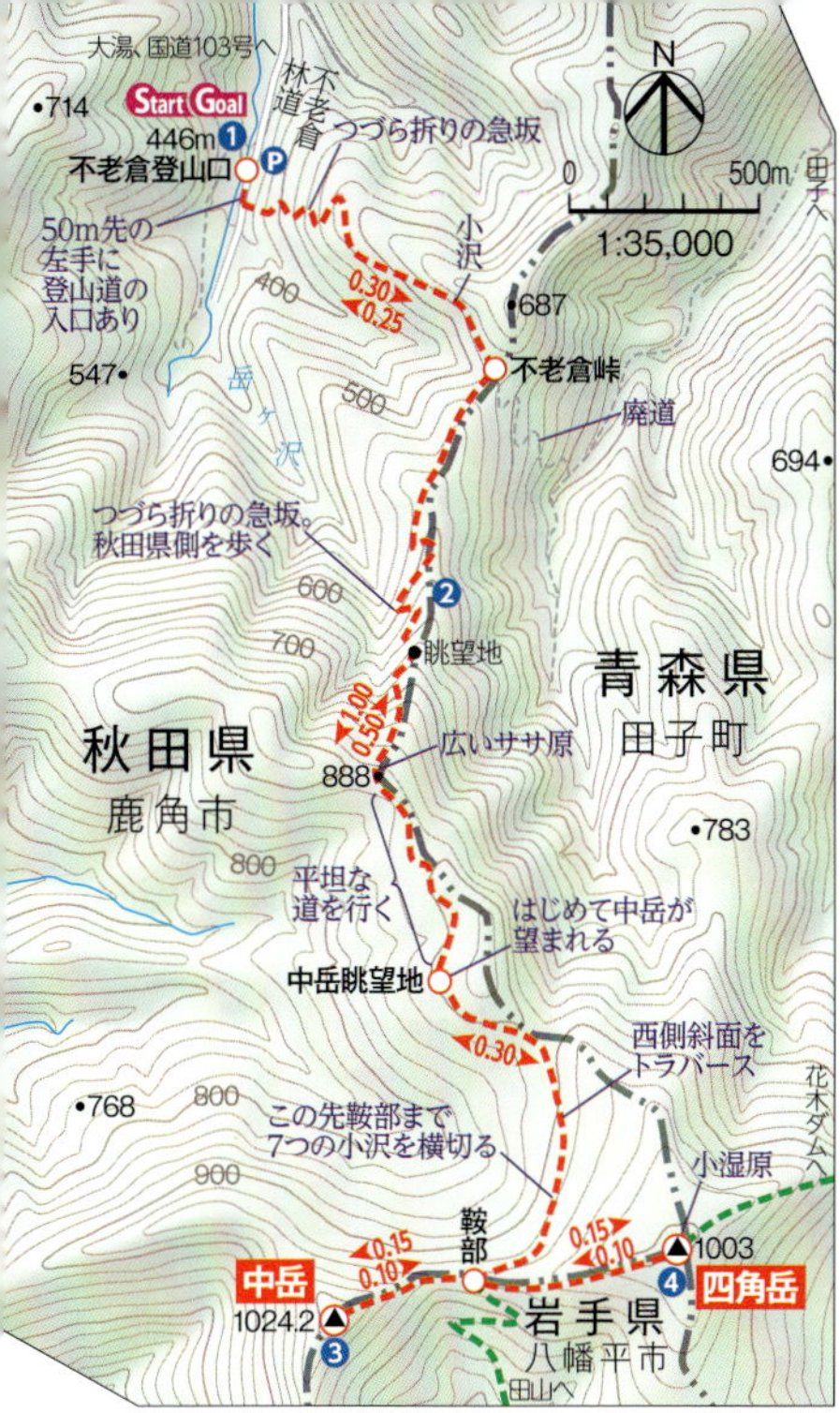

アクセス途中の来満橋すぐ先からのびる白山林道途中にある小衣ノ滝

ここから右へ稜線沿いの緩い道をしばらく行くと道標があり、少し登ると青森側を望む眺望地に着く。この先、ダケカンバとササのつづら折りの登りが続き、888メートル地点から平坦地を進むと**中岳眺望地**に出る。やがて四角岳の西斜面を横切る道となり、木陰を透して中岳を望みながら、小沢を7つほど越すと、中岳と四角岳との**鞍部**に着く。十字路となっている鞍部には道標があり、直進すると下りとなって田山へいたる。

鞍部から右へ灌木帯の道を進むと、急に視界が広がり、急坂を登りきると1等三角点と石碑（猿田《さるた》彦大神《ひこのおおかみ》）のある**中岳**山頂だ。狭い山頂はさえぎるものがなく、東には鞍部をはさんで対峙する四角岳が望まれる。

四角岳へは**鞍部**から左への道を行く。稜線上の緩い道を少し登ると平坦で広い**四角岳**山頂だ。灌木にさえぎられ、眺望は利かない。

下山は**鞍部**の分岐に引き返し、往路を戻る。

CHECK POINT

1

堰堤の左脇にある不老倉登山口。やや上方に標柱が立っている

2

眺望地付近を行く。この先つづら折りの急斜面を登っていく

3

1等三角点と石碑のある眺望抜群の中岳山頂

4

広い山頂部をもつ四角岳山頂。灌木に囲まれ眺望はない

組合（☎0186・37・3055）へ問合せのこと。

■問合せ先
鹿角市産業活力課☎0186・30・0248、十和田タクシー☎0186・35・2166

■2万5000分ノ1地形図
四角岳・犬吠森

32

五ノ宮岳（五ノ宮嶽）

近郊にそびえる信仰の峰と、伝説の里を訪ねる

日帰り

ごのみやだけ
1114・9m（2等三角点）

技術度 ▲▲▲▲▲（1/5）
体力度 ♥♥♥♥♥（2/5）

歩行時間＝4時間45分
歩行距離＝6・5㎞

コース定数＝**19**	
標高差＝769m	
累積標高差	↗ 745m ↘ 745m

↑鹿角市八幡平地区からの五ノ宮岳山頂（中央）。右手前は薬師神社が祀られているピーク

←石祠や方位盤、ベンチなどがある山頂からは鹿角盆地が一望でき圧巻だ

鹿角《かづの》市八幡平《はちまんたい》地区の東方に鎮座する五ノ宮岳（嶽《だけ》）は、鹿角発祥の伝説に関係深い山で、その山名は継体《けいたい》天皇の五ノ宮皇子がこの地に下向し、のちに五ノ宮岳の神として祀られたことに由来する。山頂には五ノ宮権現《ごんげん》を祀る神社、中腹には眼病に効くとされる薬師《やくし》神社が建立されており、古来から信仰深い山として、多くの人々の崇敬を集めている。峰続きの北隣には伝説の山、皮投岳《かわなげだけ》がある。

五ノ宮岳へ直接登るコースは、JR花輪《はなわ》線八幡平駅側からだけで、駅近くの旧八幡平市民センター横の車道を鳥居をくぐって進むと二合目・尻無《しりなし》沢の分岐に出るが、ここが駐車場のある**登山口**となる。ここから直進する車道と分かれ、右へ急角度で曲がる林道に入ると、

■**鉄道・バス**
往路・復路＝JR花輪線八幡平駅からタクシー（要予約）で二合目・尻無沢の登山口へ。

■**マイカー**
東北道鹿角八幡平ICから国道282号を経て旧八幡平市民センター横の鳥居をくぐって進むと、二合目・尻無沢の登山口がある。

■**登山適期**
6〜10月。緑鮮やかな新緑期、錦絵をくり広げる紅葉期。いで湯や伝承地を訪れるのもよい。

■**アドバイス**
▽国道282号上の林道入口（鳥居）から二合目・尻無沢の登山口まで約1・5㌔。
▽三合目・萱野二ノ鳥居への林道（登山口から0・5㌔）は道の状況を当該自治体に確認したほうがよい。
▽温泉は、花輪スキー場のアルパス（☎0186・23・8000）、八幡平駅またはJR花輪線陸中大里駅近くの五ノ宮の湯（☎0186・32・3300）がある。

■**問合せ先**
鹿角市産業活力課☎0186・30・0248、かづのDMO推進室☎0186・22・0520、鹿角観光タクシー☎0186・23・3030

■**2万5000分ノ1地形図**
湯瀬

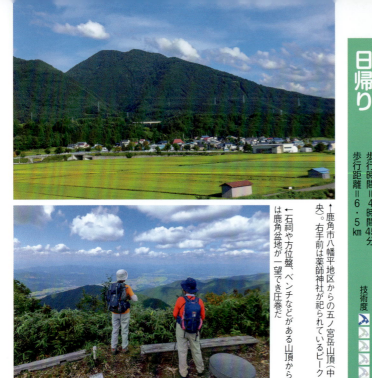

まもなく駐車スペースと鳥居の建つ**三合目・萱野《かやの》二ノ鳥居**に着く。

この先、少し進むと分岐に出るが、右は尾根筋の道で、上部で合流する。左の作業道を進むと、二合目から直接杉林の中を登る道と合流する四合目・横道別《よこみちわか》れ、少し先で尾根筋の道と合流するオジナオバナ起点に着く。この先、杉林の中のつづら折りの坂道を上がると、薬師お神泉《しんせん》の湧き水があり、まもなく山麓を見わたせる眺望のよい**五合目・薬師神社**に着く。ここはかつて一ノ宮とよばれていたという。

五合目・薬師神社。山麓を見わたせる眺望のよい場所だ

五合目から進むと六合日・追分《おいわけ》三ノ鳥居跡。雑木林の中を登りマダノ木《き》峠にいたり、すぐ**七合目・空《そら》ノ岱《だい》**に着く。この先ブナ林の緩い尾根を奥《おく》ノ萱野・四ノ鳥居跡、**八合目・逆《さか》さ杉**を越して急坂を登ると、小祠のある二《に》ノ越《こし》神社だ。

この先やせ尾根を進むと山頂はすぐ目の前。下ったところが九合目・ご神《しん》池で、ひと登りで五ノ宮神社の建つ**五ノ宮岳**山頂である。2等三角点のある山頂からは鹿角盆地が一望でき、北隣には皮投岳が対峙、八幡平や森吉山《もりよしざん》、中岳《ちゅうだけ》など北奥羽《きたおうう》の山々が展望される。

下山は往路を戻る。

CHECK POINT

1 三合目・萱野二ノ鳥居。広い駐車場があり、ここから作業道を行く

2 作業道終点のオジナオバナ起点。ここで尾根筋からの道が合流する

3 休憩地に最適な七合目・空ノ岱

4 熊被害の標柱が立つ奥の萱野・四ノ鳥居跡

33 皮投岳

マタギ伝説をしのび、みちのくの秘峰を訪ねる

かわなげだけ
1122・3m（3等三角点）

日帰り

歩行時間＝3時間40分
歩行距離＝6・4km

技術度
体力度

コース定数＝15	
標高差＝390m	
累積標高差	588m
	588m

↑大場地区方面から望む皮投岳（左）。中間手前は花輪スキー場の756メートル峰、右は五ノ宮岳

←方位盤や標柱が立つ眺望抜群の皮投岳山頂

鹿角《かづの》市花輪《はなわ》地区の東隣に接する皮投岳は、山頂部付近のみが岩手県との県境上にあり、南方へ峰続きとなって五《ご》ノ宮岳《みやだけ》と対峙する。その懐には花輪スキー場を抱き、途中の尾根筋から分岐した三倉山《みくらやま》とともに、「三嶽」の愛称をもって地元民に登り親しまれている。

その山名は、「二戸《にのへ》より鬼が来たりてこの山で鹿を八百捕って皮を剥いで投げた」とか、マタギがたくさんの熊の皮を投げ捨てたなどの伝説に由来するという。

皮投岳へは花輪スキー場先の花輪越に**登山口**があり、ここからダケカンバなどの茂る小尾根を登ると862・9メートル峰に着く。ここは三嶽の一峰でもある三倉山と、花輪スキー場方面への**分岐点**である。

分岐点からダケカンバやブナの茂る緩い稜線を進み、急坂を登りきると、眺望の広がる**いっぷく峠**に着く。ここから平坦な稜線を進むと県境上の1016メートル峰に出て、少し進むとはじめて山頂が望まれる。

この先ササの茂る明るい稜線を登ると、山頂の肩に出る。ここには太いダケカンバと杉、その根元に石祠が祀られている。少し進むと、方位盤や標柱の立つ**皮投岳**山頂である。山頂からの眺望は圧巻で、南隣に五ノ宮岳が対峙し、さらに森吉山《もりよしざん》や八幡平《はちまんたい》、中岳《ちゅうだけ》など北《きた》奥羽《おうう》の山々が見わたせる。

下山は往路を戻るが、時間があれば三倉山に立ち寄るのもよい。

三倉山へは、862・9メートル峰の**分岐点**から西方へ300メートルほど進んだ三倉山への分岐から、右の急斜面を下ってブナ林の平坦な小尾根をたどる。やがて岩峰が現れ、

■鉄道・バス
往路・復路＝JR花輪線鹿角花輪駅からタクシーで花輪越へ。
■マイカー
東北道鹿角八幡平ICまたは十和田ICから国道282号、県道195号田山花輪線を経て登山口となる花輪越へ。花輪越には駐車場がある。
■登山適期
6～10月。緑鮮やかな新緑期、山腹や渓谷に錦絵をくり広げる紅葉期がベスト。

ロープの張られた急登で石祠のある**三倉山**山頂（約760メートル）に着く。狭い山頂は西側がスッパリと切れ落ちた岩峰で、その岩峰は麓からも望まれる。眼下に広がる鹿角市街方面の眺望は圧巻である。下山は往路を戻る。

鹿角総合運動公園からの三倉山（右）。山頂の岩峰が目印だ

■アドバイス

▽平成8年に再整備された皮投岳山頂から五ノ宮岳山頂までの縦走は健脚者向き。約1時間30分。

▽花輪スキー場登山口から分岐点まで約1時間。

▽三倉山は鍛冶屋の守神。神の降臨する磐倉（いわくら）に由来するという。

▽温泉は、花輪スキー場のアルパス（☎0186・23・8000）、五ノ宮の湯（☎0186・32・3300）がある。

■問合せ先

鹿角市産業活力課☎0186・30・0248、かづのDMO推進室☎0186・22・0520、鹿角観光タクシー☎0186・23・3030

■2万5000分ノ1地形図

花輪

CHECK POINT

花輪越にある登山口から主稜線上の道をたどる

三倉山への分岐点。この先はブナやダケカンバの緩い登りが続く

急坂を登ると眺望のよいいっぷく峠に着く

県境の1016メートル峰に登ると初めて皮投岳の山頂が姿を現す

三倉山の山頂にひっそりと祀られている石祠と板碑

←比内方面からは鍋を伏せたように望まれる竜ヶ森(中央)

34

竜ヶ森

樹林帯が戻ったかつてのブナの森を訪ねる

日帰り

りゅうがもり
1049.9m(2等三角点)

歩行時間＝3時間45分
歩行距離＝6.7km

技術度 ▲▲▲▲▲(1/5)
体力度 ♥♥♥♥♥(1/5)

コース定数	＝16
標高差	＝675m
累積標高差	↗732m ↘732m

竜ヶ森は大館《おおだて》市比内《ひない》と北秋田《きたあきた》市鷹巣《たかのす》の2市にまたがる森吉山《もりよしざん》の寄生山で、森吉ダム・太平湖《たいへい》のすぐ北隣に位置し、太平湖をはさんで森吉山と対峙している。かつては山麓の大葛《おおくぞ》や明利又《あかりまた》などに数多くの鉱山があり、また近年は造林業の場として、生活色の濃い山として栄えてきた。遠くから望むと鍋を伏せたような山容だが、目立つほどの特徴のある山ではない。山名は雨乞《あまご》いの風習があったことから、「竜神」に由来するという。

竜ヶ森への登山口は鷹巣側に1箇所、比内側から2箇所あるが、ここでは比内側からのコースを紹介する。

比内コースは、長部《おさべ》集落からのびる長部沢《おさべざわ》林道の途中に**登山口**がある。登山口から疑木の段を登ると、すぐ案内板の立つ林道に出る。ここから杉林を進み、小沢を渡った先が1合目、次の小沢を越すと小尾根上の2合目に着く。

7合目付近のブナの尾根を行く

■鉄道・バス 往路・復路＝公共交通機関の利用は不適。長部沢林道の登山口へのタクシーはJR花輪線扇田駅から。

■マイカー 国道285号または国道103号を経て大館市比内から地方道22号比内大葛鹿角線に入り、途中の長部集落から長部沢林道へ。駐車場がある登山口まで6.3キロの砂利道。

■登山適期 6～10月。新緑、紅葉期のブナ林もよいが、仙戸石沢のかつての伐採地の広葉樹林帯の紅葉も見どころ。

■アドバイス ▽山開きは6月第1土曜日。

▽**最上コース** 長部沢林道から最上沢林道に入り終点から登る。天然杉とブナの急登から稜線をたどって山頂へ(3時間)。

▽**東ノ又沢コース** 林道崩落により、キャンプ場から長い林道歩きを強いられる(旧登山口から1時間30分)。

▽温泉は、扇田地区にひない温泉比内のゆ(☎0186・45・4588)がある。

■問合せ先 大館市比内総合支所☎0186・43・7093、比内タクシー☎0186・55・0135

■2万5000分ノ1地形図 明利又

この先、電光型の急な斜面の登りが続き4合目、杉林の中の幅広い直線の道を進んで**5合目**の分岐にいたる。右は水場を経て6合目で合流するブナ森コース。登りは左へ直進する一般コースをとる。

5合目から斜面を登り、折り返して進むと**6合目**の分岐に出て、ブナ森コースと合流する。ここはほどよい休憩地で、樹間を透して山頂が望まれる。

この先、太いブナ林の尾根筋を登り8合目、さらに電光型の急斜面の登りが続き、登りきると避難小屋と崩れかけた展望台、2等三角点などのある**竜ヶ森**山頂である。

山頂は広い草地になっていて、北から最上《もがみ》コース、南からは東《ひがし》ノ又《また》コースが合流している。草地からは周囲の樹木がじゃまとなり、あまり眺望はきかないが、展望台からは隣接する森吉山や秋田駒ヶ岳《こまがだけ》、太平山《たいへいざん》などが望まれる。

下山は美しいブナ森コース経由で往路を戻る。

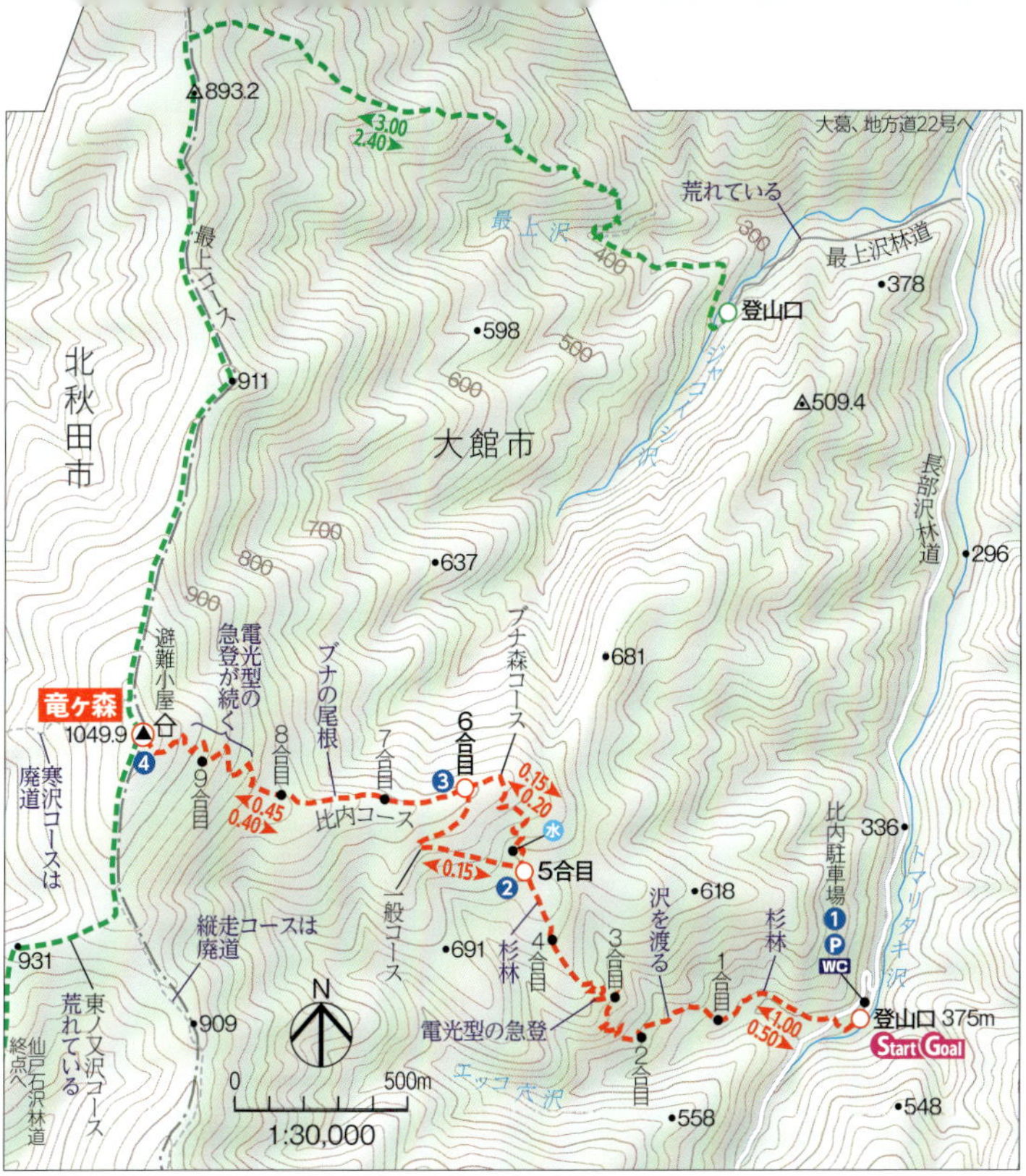

CHECK POINT

1 案内板の立つ比内駐車場。前方に登山口がある

2 5合目の分岐。左は一般コース、右はブナ林の美しいブナ森コース

3 休憩にほどよい6合目の分岐。目指す山頂方面がはじめて望まれる

4 草地が広がり明るい竜ヶ森の山頂。一角に避難小屋が建っている

35

森吉山

豊富な森と雄大な眺望を楽しむ

日帰り

もりよしざん
1454・2m（1等三角点）

歩行時間＝6時間10分
歩行距離＝11・0km

技術度

体力度

コース定数	＝23
標高差	＝660m
累積標高差	↗775m ↘775m

ニッコウキスゲが咲くお花畑からオオシラビソに覆われた山頂方面を望む。開花期には別天地をくり広げる

岩石が散らばり、石仏や方位盤のある森吉山山頂。眺望は抜群だ

秋田県の中央部・北側にそびえる森吉山は、古くは「秋田山」ともよばれ、霊山として多くの人々の信仰を集めてきた。また、マタギの里として奥深い秘境性と、近年のスキー場などの観光開発を促進するなど県立自然公園として多くの人々に利用されている。

森吉山は山頂がなだらかな主峰の向岳《むかいだけ》を中心に、前岳《まえだけ》や一《いち》ノ腰《こし》、ヒバクラ岳《だけ》、カンバ森《もり》などの外輪山からなっている。

山頂からの眺めは雄大で、奥《おう》羽《う》脊梁《せきりょう》の山々、太平《たいへい》山地、それに男鹿《おが》半島などの景観が一望できる。広大な山域一帯には、高山植物群落にブナやオオシラビソ、スギの原生林が茂る。

登山道は森吉と阿仁《あに》側を合わせて6コースあるが、ここでは眺望の広がる様田《さまた》コースを紹介する。

登山口はこめつが山荘の横にあり、カラマツ林を抜けて旧スキーコースに出て、少し

■鉄道・バス
往路・復路＝秋田内陸縦貫鉄道阿仁前田温泉駅からタクシーまたは森吉山周遊乗合タクシー（6月1日～10月末運行・米内沢タクシーへ要予約）でこめつが山荘へ。

■マイカー
国道105号の阿仁前田から県道309号比内森吉線（くまげらライン）へ。途中から妖精の森（森吉スキー場跡）への車道に入り、上部で林道をたどって駐車場や案内板の立つこめつが山荘前へ。

■登山適期
6～10月、新緑から紅葉期まで。

■アドバイス
▽松倉コースは、松倉林道からブナ林を登って雲嶺峠へ（1時間30分）。ブナ帯（戸鳥内）コースは、ブナ帯キャンプ場からブナの尾根を登り、山頂駅を経て石森へ（1時間）。最も利用者の多いゴンドラ（期間運行）は、山頂駅から石森へ30分。ヒバクラコースは、山麓高原からヒバクラ岳を経て山頂へ（3時間）。中村コースとノロ川コースは健脚者向き。
▽三階ノ滝、安ノ滝、桃洞ノ滝などの名瀑や、山麓一帯に多くの民宿やキャンプ場がある。
▽山開きは毎年5月3日。
▽温泉は森吉山荘（2023年11月現在休業中）や杣温泉旅館（☎0186・76・2311）、クウィンス森

先の分岐を右へ進む。この先、カラマツ林を抜けると再び旧スキーコースと合流する**六合目・十字路**に出るが、ここは直進してブナ林の尾根を登る。この先、一ノ腰を迂回して雲嶺《うんれい》峠に向かう**勘助《かんすけ》道との分岐**では、直進して一ノ腰へ向かう。

　ブナ林がオオシラビソに変わり、岩石の露出した急坂を登りつめると、視界がいっきに開けて七合目・一ノ腰に着く。3等三角点があり、緑一面の主峰・向岳とそれを取り巻く外輪山が望まれる。

　一ノ腰から主稜線を少し下ると**雲嶺峠**へ出る。稜線の北側を巻いて進むと森吉避難小屋と森吉神社の建つ前岳である。神社の裏には冠《かんむり》岩があり、眺望がよい。

　前岳から少し進むとブナ帯コースと合流し、眺望のよい**石森《いしもり》**に着く。この先、ササと草地の木道を行くと**阿仁避難小屋**に着く。

　ここから稚児平を経て緩やかな山腹を登ると、標柱や1等三角点のある**森吉山**山頂である。北側直下には花の楽園・山人平《やまびとだいら》が広がる。

　下山は往路を戻るが、楽な勘助道をとるのもよい。

CHECK POINT

登山道入口となるこめつが山荘。正面下に駐車場がある

絶好の休憩地、七合目・一ノ腰から森吉山の山頂を望む

前岳山頂に鎮座する森吉神社（右）と森吉避難小屋

休憩にほどよい阿仁避難小屋。20人ほどが入れる

吉（☎0186・60・7000）がある。
■問合せ先
北秋田市商工観光課☎0186・62・5370、米内沢タクシー☎0186・72・3212
■2万5000分ノ1地形図
森吉山・太平湖

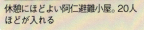

36 八幡平

広大な樹海と、蒸気を上げる異色のいで湯を楽しむ

はちまんたい
1613・3m（2等三角点）

日帰り

歩行時間＝1時間
歩行距離＝2・5km

技術度 ■□□□□
体力度 ■□□□□

コース定数＝4
標高差＝73m
累積標高差 ↗100m ↘100m

←ガマ沼畔の展望台からの八幡沼と源太森（中央奥）。左の建物は避難小屋の陵雲荘（写真＝鈴木裕子）

←見返峠付近からは八幡平山頂駐車場やひときわ目立つ畚岳（中央）、秋田駒ヶ岳などが見える

十和田《とわだ》八幡平国立公園に属する八幡平は、秋田と岩手県境に連なるテーブルランドの山容をもつ広大な高地である。アスピーテ型火山の広い高地には、オオシラビソの樹海が広範囲に広がり、湖沼や高層湿原が点在している。湿原には乾湿両様の植物群落が池塘にみごとな生態美を展開させ、まさに雲上の別天地となっている。かつては奥羽《おうう》脊梁《せきりょう》山脈の秘境として、神秘性を抱いていたが、昭和45年に車道の八幡平アスピーテラインが開通して以来、一躍観光リゾート化し、行楽客が数多く訪れる地に変貌してしまった。

しかし、にぎわうのは駐車場から山頂までであり、他のコースはいずれも昔のままの高原の香りが残る静かな山旅が味わえる。また、山腹には湯治場風の温泉が多く、後生掛《ごしょうがけ》やふけの湯など、異色の景観をもつ温泉もあり、登山と合わせて楽しめる。

アスピーテラインの八幡平頂上バス停で下車する。秋田と岩手の県境であり、駐車場や売店、休憩所などの施設がある。**登山口**は藤《とう》七《しち》温泉との車道分岐にあり、県境沿いに広いりっぱな石畳の道が、

■**鉄道・バス**
往路・復路＝JR秋田新幹線・田沢湖線田沢湖駅から羽後交通バスで八幡平頂上へ。バスは土・日曜、祝日を中心とした期間運行で、1日2便。

■**マイカー**
東北道鹿角八幡平ICから国道282・341号経由、または田沢湖方面から国道46・341号経由で八幡平アスピーテラインに入る。山頂駐車場に登山口がある。

■**登山適期**
6～10月、残雪に映える大樹林帯、湿原に咲き乱れる開花期の高山植物群、草紅葉の紅葉期などを山腹のいで湯と併せて楽しめる。

■**アドバイス**
▽**長沼上部と田代沼コース** 山頂北側に広がる湿原や樹林帯に往時の面影が残り、人影もなく静寂な山旅を味わえる。山頂から北西にのびるササの道を進むと、小湿原から地溏のある大湿原にいたる。ここは兄畑コース分岐で、直進は長沼を経てふけの湯へ、左は南部沼と田代沼のある田代沼コースで、沼をすぎるとすぐ先で登山口のある車道（アスピーテライン）に出る（山頂から1時間10分）。あるいは沼の分岐を左に進んで藤助森を経て山頂直下の分岐に出て、紹介コースで八幡平頂上バス停に戻る（山頂から約2時間）。
▽山開きは6月1日（岩手側と合同）。

CHECK POINT

山頂駐車場から八幡平山頂方面を望む。右端は見返峠

トイレ棟や説明板のある見返峠。ここから眺める岩手山は壮観

ガマ沼畔の展望台からはガマ沼越しに岩手山を望むことができる

八幡平の山頂に建つ展望台。広大なオオシラビソの樹海が見わたせる

オオシラビソに囲まれ、ひっそりと佇む鏡沼

オオシラビソの林間に続いている。少し登って左に鏡沼《かがみぬま》コースを見送ると、まもなく**見返峠**《みかえり》に着く。ここから望む岩手山《いわてさん》は孤高を誇り、実に壮観である。

見返峠から右への道は八幡沼の周遊コースで、一周するとガマ沼の展望台に出るので時間があれば散策を楽しむもよい。また、このコースは東の源太森《げんたもり》、茶臼岳《ちゃうすだけ》へと続き、アスピーテライン上の茶臼口バス停に通じている。

この先、平坦な道は北進するようになり、まもなく山小屋の建つ八幡平最大の八幡沼と、その西隣にある藍色の水をたたえるガマ沼との間の展望台に出る。樹林帯と湖沼、湿原が広がり、まさに一幅の絵を見ているようだ。

ここから直進し、樹林帯の中の平坦な道を行くと、2等三角点のある**八幡平**山頂である。木組みの展望台からは、広大なオオシラビソの樹林帯と北奥羽の名山が眺望できる。

山頂から左の道をとるとすぐ分岐となり、右はふけの湯に向かう田代沼《たしろぬま》コース。左はすぐ最高地点を通り、樹林帯にたたずむメガネ沼と**鏡沼**を経て**登山口**の山頂駐車場にいたる鏡沼コースである。

▽温泉は大深温泉（☎0186・31・2551）、ふけの湯（☎0186・31・2131）、八幡平温泉ゆらら（☎0186・31・2288）。

問合せ先

鹿角市産業活力課☎0186・30・0248、八幡平ビジターセンター☎0186・31・2714、羽後交通バス（23年現在八幡平行きバス運休中）☎0187・43・1511、田沢観光タクシー☎0187・43・1331、十和田タクシー（予約制バス）☎0186・35・2166

2万5000分ノ1地形図

八幡平

37 山上の楽園と火山活動が見られる高原散策

焼山

やけやま
1366・1m（2等三角点）

日帰り

歩行時間＝4時間10分
歩行距離＝8・5km

技術度
体力度

コース定数	＝16
標高差	＝615m
累積標高差	↗525m ↘765m

新玉川温泉の大橋からの焼山。中央は叫沢上部の地獄谷、右は山頂

眺望が広がる栂森展望地。焼山山頂や名残峠の奥に森吉山が見える

八幡平《はちまんたい》の西隣に位置する焼山は、十和田《とわだ》八幡平国立公園に属し、秋田県の北部・鹿角《かづの》市と仙北《せんぼく》市との境にまたがっている。山頂周辺は珍しい火山地形や火山現象などが見られ、山名の通り、焼けただれた岩石で覆われ、火口湖の湯《ゆ》沼の周囲に、鬼ヶ城《おにがじょう》に代表される奇岩類が連なる異色の山容をもっている。また、東隣の毛《もう》せん峠には、ガンコウラン、コケモモ、イソツツジなどが大群落をなし、今なお火山活動を続ける焼山一帯の荒涼とした風景と対照的な景観を醸し出している。

焼山への登山口は、玉川《たまがわ》温泉側と後生掛《ごしょうがけ》温泉側からあり、ここでは楽な後生掛温泉から入山し、玉川温泉に下るコースを紹介しよう。

登山口は後生掛温泉入口にあり、入口先より右下の沢を木橋で渡ると湯ノ沢コースとの分岐に出る。この先左に進むと温泉裏の分岐があり、登りきってブナやオオシラビソの茂る緩い道をしばらく行くと毛せん峠との中間地点に出る。この先、樹林帯を進んでいけば**国見台《くにみだい》**だ。振り返れば、眼下に大《おお》沼や後生掛温泉、正面に八幡平、畚岳《もっこだけ》などが望まれる。

ここから国見台の北斜面を巻いていくと、絶景の広がる毛せん峠に着く。コケモモ、ハイマツなどが広大な斜面を覆っており、まさに毛せんを敷きつめたようだ。目指す焼山や、森吉山《もりよしざん》、秋田駒ヶ岳《こまがだけ》、八幡平などが美しい。

峠から保護柵の道をさわやかな景色にひたりながら進むと、焼山の火口内に入り、改築された**焼山避難小屋**に着く。すぐ先が鬼ヶ城で、足もとの沼にその奇岩を映している。

鬼ヶ城からガラ場の道を乳白色の湯沼を見下ろしながら進むと、尾根上の展望地・**名残《なごり》峠**に着く。ここから左手の尾根を登り、分岐点から左へ少し進むと2等三角点の**焼山**山頂である。

分岐点に戻り、造替の尾根筋の

■鉄道・バス
往路・復路＝JR秋田新幹線・田沢湖線田沢湖駅から羽後交通バス（期間運行・1日2便）で後生掛温泉へ。

■マイカー
後生掛温泉へのアクセスは82ﾍﾟｰｼﾞ「八幡平」を参照。

■登山適期

CHECK POINT

1 工事中で通行できなくなった旧登山口

2 平成29年改築の焼山避難小屋。正面の道を名残峠へ

3 避難小屋付近からの湯沼と外輪山。左端は名残峠

4 名残峠。外輪山と湯沼を望む。南へひと登りで山頂へ

5 叫沢分岐。叫沢への立入禁止標柱の先はブナの美林帯

6 冷水場を経て下ると湯煙が上る玉川温泉が見えてくる

道を下るとブナ林帯の道となり、やがて叫沢《さけびさわ》分岐に着く。この先もブナ林が続き**冷水場**に出て、木道などをさらに下るとコンクリート段の下りとなる。

橋を渡って遊歩道を進むと玉川温泉の**登山口**で、温泉は目の前だ。

6～10月、毛せん峠と名残峠から眺める異色の景色は四季を問わず。とくに紅葉期は格別。

■アドバイス

▽焼山周辺は火山性ガスと噴火予知情報などに注意。

▽避難小屋から野天風呂、デコ谷地を経て後生掛温泉にいたる湯ノ沢コースもある（2時間50分）。

▽後生掛温泉の裏側に、泥火山や大湯沼の温泉地獄現象を観察できる自然研究路がある。また、北投石や岩盤浴の玉川温泉に、火山活動の学習の場としての自然研究路もある。

▽温泉は、後生掛温泉（☎0186・31・2221）と玉川温泉、新玉川温泉（ともに☎0187・58・3000）がある。

■問合せ先

仙北市田沢湖庁舎☎0187・43・1111、案内所フォレイク☎0187・43・2111、鹿角市産業活力課☎0186・30・0248、八幡平ビジターセンター☎0186・31・2714、羽後交通バス（23年現在八幡平行きバス運休中）☎0187・43・1511、田沢観光タクシー☎0187・43・1331、十和田タクシー（予約制バス）☎0186・35・2166

■2万5000分ノ1地形図

八幡平・玉川温泉

38

えんえんと連なる、奥深いみちのくの山旅を味わう

大深岳・畚岳

おおぶかだけ
もっこだけ

1541・3m(2等三角点)
1577・8m(3等三角点)

日帰り

歩行時間=7時間30分
歩行距離=20・0km

技術度
体力度

コース定数=30

標高差=118m ※

累積標高差 ↗1005m ↘1005m

※=コース最低点の登山口(1460m)と最高点の畚岳(1577.8m)間の数値

八幡平アスピーテラインの大深沢展望台からの畚岳(右奥は秋田駒ヶ岳)

秋田と岩手の両県にまたがる八《はち》幡《まん》平《たい》国立公園は、オオシラビソ、ダケカンバ、ブナなどの樹海が広がり、とくに畚岳、大深岳以西の玉《たま》川上流部は、人為的影響の少ない河川の集水域として、秋田県の原生流域地に指定されている。また、樹海の合間には数多くの湿原があり、山腹にも火山地獄や湖沼が、そして多彩な変化に富む温泉群が連なり、原始性あふれる一大山岳公園を形成している。

コース中の1481メートル標高点からの嶮岨森(右)と大深岳(左奥)

県境上にひと串に連なる畚岳、大深岳、曲崎《まがりざき》山《やま》などの山々は、南《みなみ》八幡平に属し、とくに大深岳以西は奥《おう》羽《う》脊《せき》梁《りょう》山脈の秘境として神秘性を保っている。かつては入域が困難な山域であったが、昭和36年、秋田国体の際に縦走路が切り開かれた。また昭和45年には八幡平アスピーテラインが開通し、入域がさらに便利になり、健脚者の根強い人気をよんでいる。

畚岳は八幡平の南隣に位置し、ひときわ目立つピラミッド型の美しい山容を誇っている。大深岳へは、**八幡平山頂駐車場**から藤七《とうしち》温泉への車道を行くと、右手に畚岳を経て大深岳方面に向かう**登山口**

■鉄道・バス
往路・復路=82ページ「八幡平」参照。

■マイカー
82ページ「八幡平」参照。

■登山適期
北奥羽のえんえんと連なる山々を、各山頂から眺め楽しむなら、初夏から秋がよい。湿原が雲上の楽園となる高山植物の開花期、山肌を染める紅葉期がベスト。

■アドバイス
▽畚岳分岐から大深山荘までは、平成20年ごろ以降手入れされている。
▽大深岳から乳頭山方面への縦走路(昭和36年開設)は、西へ関東森、八瀬森、曲崎山、大白森、田代平の各避難小屋があり、水場もある。なお、大深岳〜曲崎山間のコースは、平成29年までに刈払いされている。
▽八幡平または乳頭山からの全縦走は、2泊3日の健脚者向き。
▽西麓に大沼〜泥火山〜大深温泉〜大谷地湿原〜大沼の一周自然研究路がある。一周5時間ほど。
▽温泉は、大深温泉(☎0186・31・2551)、ふけの湯(☎0186・31・2131)、後生掛温泉(☎0186・31・2221)、八幡平温泉ゆらら(☎0186・31・2228)がある。

■問合せ先
鹿角市産業活力課☎0186・30・

CHECK POINT

案内板の立つ登山口。正面に目指す畚岳が見える

畚岳山頂から八幡平を望む。山頂は左、中央下が山頂駐車場と樹海ライン

避難小屋ながら快適にすごせる大深山荘（収容約20人）。水場は5分ほど離れたところにある

がある。ササの緩い道を行くと、まもなく畚岳分岐に出る。山頂は主稜線から少し秋田側にはずれており、急坂を登ると3等三角点のある**畚岳**山頂だ。八幡平三大展望地のひとつで眺望は抜群。広大な八幡平高原をはじめ、裏岩手の連峰が望まれ、まさに圧巻である。

畚岳分岐に戻り、いったん下ってオオシラビソの茂るササ中の道を登り返すと、一面ハイマツの茂る平坦な**諸桧岳**《もろびだけ》山頂に着く。この先、広い斜面を下り、ひっそりとたたずむ石《いし》沼を越すと1481メートル峰に出、まもなくやせた稜線上の道となる。やがて東側直下に鏡《かがみ》沼が見えてくると、周囲の眺望が開けた火口壁上の**嶮岨森**《けんそもり》に着く。

嶮岨森を下り、樹林帯を行くと、中腹に建つ避難小屋・大深山荘だ。縦走の際は、ほどよい中継地を提供してくれる。避難小屋からひと登りすると樹林が低くなり、左に水場と松川《まつかわ》温泉への道を分ける。この上すぐ、源太ヶ岳を経て松川温泉にいたる分岐に出て、右へ進むと視界が開け、**大深岳**山頂に出る。山頂近くからは、八幡平や岩手山《いわてさん》、秋田駒ヶ岳《こまがだけ》などのダイナミックな眺望を楽しめる。

大深岳からは往路を戻る。

0248、八幡平ビジターセンター☎0186・31・2714、羽後交通バス（23年現在八幡平行きバス運休中）☎0187・43・1511、田沢観光タクシー☎0187・43・1331、十和田タクシー（予約制バス）☎0186・35・2166

■2万5000分ノ1地形図
八幡平・曲崎山・松川温泉

39

大湿原が広がる雲上の楽園と秘湯を満喫

大白森・小白森山

おおじろもり　1215・5m（3等三角点）

こじろもりやま　1144m

日帰り

歩行時間＝4時間35分
歩行距離＝10・0km

技術度
体力度

コース定数＝19

標高差＝578m

累積標高差　↗700m　↘700m

↑小白森山の湿原からの大白森。湿原は山頂標柱のすぐ西隣にある

←岩手山を前にする大白森山頂。まさに別天地だ

十和田《とわだ》八幡平《はちまんたい》国立公園に位置する大白森は、乳頭山《にゅうとうざん》から大深岳《おおぶかだけ》を経て八幡平に連なる県境稜線の縦走路上にあり、手前の小白森山とともに山頂一帯が広大な高層湿原になっていて、開花期には雲上の楽園となる。山名の由来は定かではないが、藩政時代は「大城森《おおじろもり》」「小《こ》城森」とよばれていたらしい。

乳頭山または八幡平方面からも入山可能であるが、長時間歩行となるので、ここでは鶴《つる》の湯《ゆ》温泉側からの往復コースを紹介しよう。

田沢湖《たざわこ》高原温泉郷の先に鶴の湯温泉入口のバス停があり、ここから車10分ほどで鶴の湯温泉に着く。駐車場脇の**登山口**には案内板が立ち、すぐ上に鶴の湯神社があって、少し登ると林道に出る。林道の200㍍ほど先からも登れるが、すぐ後方右手の小尾根に取り付く。入口には標柱がある。

小尾根の杉林を登ると林道先からの道と合流し、やがてカラマツ

■鉄道・バス
往路・復路＝JR秋田新幹線・田沢湖線田沢湖駅から羽後交通バス乳頭温泉行きで鶴の湯温泉入口へ。バス停から登山口まで2・6㌔あるため、タクシーかマイカー利用が便利。

■マイカー
角館方面から国道46・341号、県道127（駒ヶ岳線）・194号（西山生保内線）を経て、鶴の湯温泉入口から鶴の湯温泉駐車場・登山口へ。

■登山適期
6〜10月。大湿原を彩る開花期の高山植物群と、秋の草紅葉の頃が最適。秘湯と併せて登山を楽しめる。

■アドバイス
▽鶴の湯温泉から250㍍手前の新鶴の湯林道利用も可。橋のたもとに駐車場があり、70㍍ほど先で温泉からの道と合流する。
▽大白森先の曲崎山、大深岳を経て八幡平にいたる縦走路には、大白森山荘（山頂から30分）、八瀬森山荘、大深山荘の避難小屋がある。縦走は健脚者向き。
▽登山口にある鶴の湯温泉（☎0187・46・2139）は、乳頭温泉郷の中では最も古い。その他の宿については乳頭温泉郷温泉組合（☎0187・46・2244／休暇村乳頭温泉郷）へ。

■問合せ先
仙北市田沢湖庁舎☎0187・43・

林となり、平坦な道をたどって金取坂のつづら折りの急坂を登ると**展望地**に出る。ここは秋田駒ヶ岳《あきたこまがだけ》や乳頭山を優美に望むことができる、ほどよい休憩地である。

この先、ササの茂る緩い尾根を進むとブナ林となり、やがて平坦になると、すぐに乳頭山方面からの縦走路に合流する。ここは乳頭山と鶴の湯の**分岐点**である。

ここから広いブナ林の緩い登りが続く。登りきって湿原の木道を進むと、やがてイヌツゲやナナカマドの茂る**小白森山**山頂に到着する。山頂の西側は広い湿原となっている。

小白森山から木道を下っていくと沼地があり、ブナ林の急坂を登りきると大湿原に出る。広い湿原の中の木道を進むと、標柱が立つ**大白森**山頂である。壮観な展望が広がり、ひときわ目立つ岩手山《いわてさん》や裏《うら》岩手の連山をはじめ、八幡平方面の山々が大湿原の中に雄大に広がる。少しはずれた最高地点のやぶの中に3等三角点がある。

下山は往路を戻る。

1111、案内所フォレイク☎0187・43・2111、羽後交通田沢湖営業所（バス）☎0187・43・1511、田沢観光タクシー☎0187・43・1331

■2万5000分ノ1地形図
秋田駒ヶ岳・曲崎山

CHECK POINT

鶴の湯温泉。登山口は左手の案内板の立つ神社入口にある

鶴の湯分岐点。右への道は乳頭山方面にいたる縦走コース

木道が続く小白森山の山頂。西側に湿原が広がっている

ブナ林の急坂を登りきると、広い湿原につけられた木道が続く

広い湿原の中に立つ大白森山頂の標柱。三角点は湿原の上部にある

40

乳頭山

高層湿原と秘湯に魅せられる天上の楽園

日帰り

にゅうとうざん
1478m

歩行時間＝4時間
歩行距離＝7・5km

技術度

体力度

←田代平湿原からの乳頭山。夏期は山を投影する湿原お花畑が美しい

←乳頭山山頂の東側は絶壁だけに要注意（後方は岩手山と小高倉山方面）

コース定数	＝16
標高差	＝672m
累積標高差	↗ 715m ↘ 715m

　乳頭山は、その姿が乳房のように見えることから命名されたもので、古名には「にゅうつむり」とも記されている。岩手県側では烏帽子岳《えぼしだけ》とよび、十和田八幡平《とわだはちまんたい》国立公園南部に位置している。山頂部の東南側は柱状節理《ちゅうじょうせつり》の絶壁になっており、修験の行場でもあったという。周辺は高山植物の豊庫で、東方には広大な高層湿原の千沼ヶ原《せんしょうがはら》がある。山麓一帯は古くからの名湯が多く、乳頭温泉郷として人気が高い。

　乳頭山へは、黒《くろ》湯、孫六《まごろく》、蟹場《かにば》に各登山口があり、ここでは孫六から山頂を目指し、一本松《いっぽんまつ》を経由して黒湯に戻るコースを紹介しよう。田沢湖《たざわこ》

■鉄道・バス
往路・復路＝JR秋田新幹線・田沢湖線田沢湖駅から羽後交通バスで休暇村へ。バス停から黒湯・孫六温泉の駐車場まで1・3キロ・約30分。タクシーかマイカー利用が便利。

■マイカー
角館方面から国道46・341号、県道127（駒ヶ岳線）・194号（西山生保内線）を経由し、黒湯・孫六温泉駐車場へ。

■登山適期
6〜10月。初夏から盛夏にかけて湿原に咲き競う高山植物、周辺の山々とともに映える紅葉期がベストで、秘湯も楽しめる。

■アドバイス
▽山頂周辺のコース

蟹場コース　バス終点（乳頭蟹場温泉）が登山口。支尾根を登って縦走路と合流し、田代平を経て山頂へ（3時間30分）。

秋田駒ヶ岳への縦走コース　山中で最も味わい深い。乳頭山（2時間20分）湯森山（1時間25分）横岳（40分）男女岳。エスケープとして湯森山（30分）笊森山分岐（30分）駒ヶ岳八合目。健脚者向き。

千沼ヶ原へ　笊森山との分岐から左へたどる。山頂から1時間。

滝ノ上コース　山頂から北へ白沼を経て滝ノ上温泉へ3時間。

▽温泉は、黒湯温泉（☎0187・

展望盤のある乳頭山山頂。360度の眺望は抜群（前方は岩手山）

高原温泉郷から乳頭温泉郷に向かい、休暇村乳頭温泉郷から右への車道を進むと黒湯温泉の**駐車場**に着く。駐車場の西端に孫六温泉の駐車場があり、車道先の孫六温泉の橋を渡ると**登山口**だ。

コースは孫六尾根の登りからはじまる。うっそうと茂るブナ林の中を登ると、標柱の立つ**小ピーク**に出、少し下って木段を登ると木道の緩い登りとなる。

ブナ林からオオシラビソの茂る尾根道が続き、最後の木道を行くと田代平《たしろたい》の高層湿原に飛び出して、八幡平方面からの縦走路に合流する**孫六分岐**に出る。5分ほど先に避難小屋の**田代平山荘**があり、少し離れて水場もある。

避難小屋からは山頂を望みながら、低木とササの道を行き、木道を進んで**黒湯分岐**に出る。ここからひと登りすると展望盤のある**乳頭山山頂**である。山頂部の東南側は絶壁になっており、強風時にはとくに注意しよう。秋田駒ヶ岳《こまがだけ》、岩手山《いわてさん》、南《みなみ》八幡平の山々など、360度のパノラマが楽しめる。

下山は往路を引き返し、**黒湯分岐**を左へ、黒湯（一本松）コースを下って黒湯を目指す。木道を少し進むと路面の崩れたガレ地の下りとなるが、すべりやすいので雨天時は注意したい。木段と急坂を下って**一本松温泉跡**に出て、沢を渡って（増水時注意）樹間の沢沿いの道を下ると黒湯温泉に着く。すぐ上に黒湯・孫六の**駐車場**がある。

46・2214）、孫六温泉（☎0187・46・2224）。ほかに蟹場、大釜、妙乃湯、鶴の湯、休暇村乳頭温泉郷がある。宿については乳頭温泉組合（☎0187・46・2244／休暇村乳頭温泉郷）へ。

■問合せ先
仙北市田沢湖庁舎☎0187・43・1111、案内所フォレイク☎0187・43・2111、羽後交通田沢湖営業所（バス）☎0187・43・1511、田沢観光タクシー☎0187・43・1331

■2万5000分ノ1地形図
秋田駒ヶ岳

CHECK POINT

1

孫六温泉。橋を渡って左へ行くと、温泉のはずれに登山口がある

▼

2

孫六分岐。左は大白森方面へ、右に進むとすぐ田代平山荘に着く

▼

3

池塘を前に建つ避難小屋の田代平山荘

▼

4

右から黒湯コースが合流する黒湯分岐。南方に秋田駒ヶ岳が美しく望まれる

▼

5

露天風呂のある一本松温泉跡。黒湯温泉へは沢を渡っていく

＊コース図は92・93ページを参照。

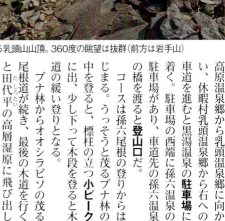

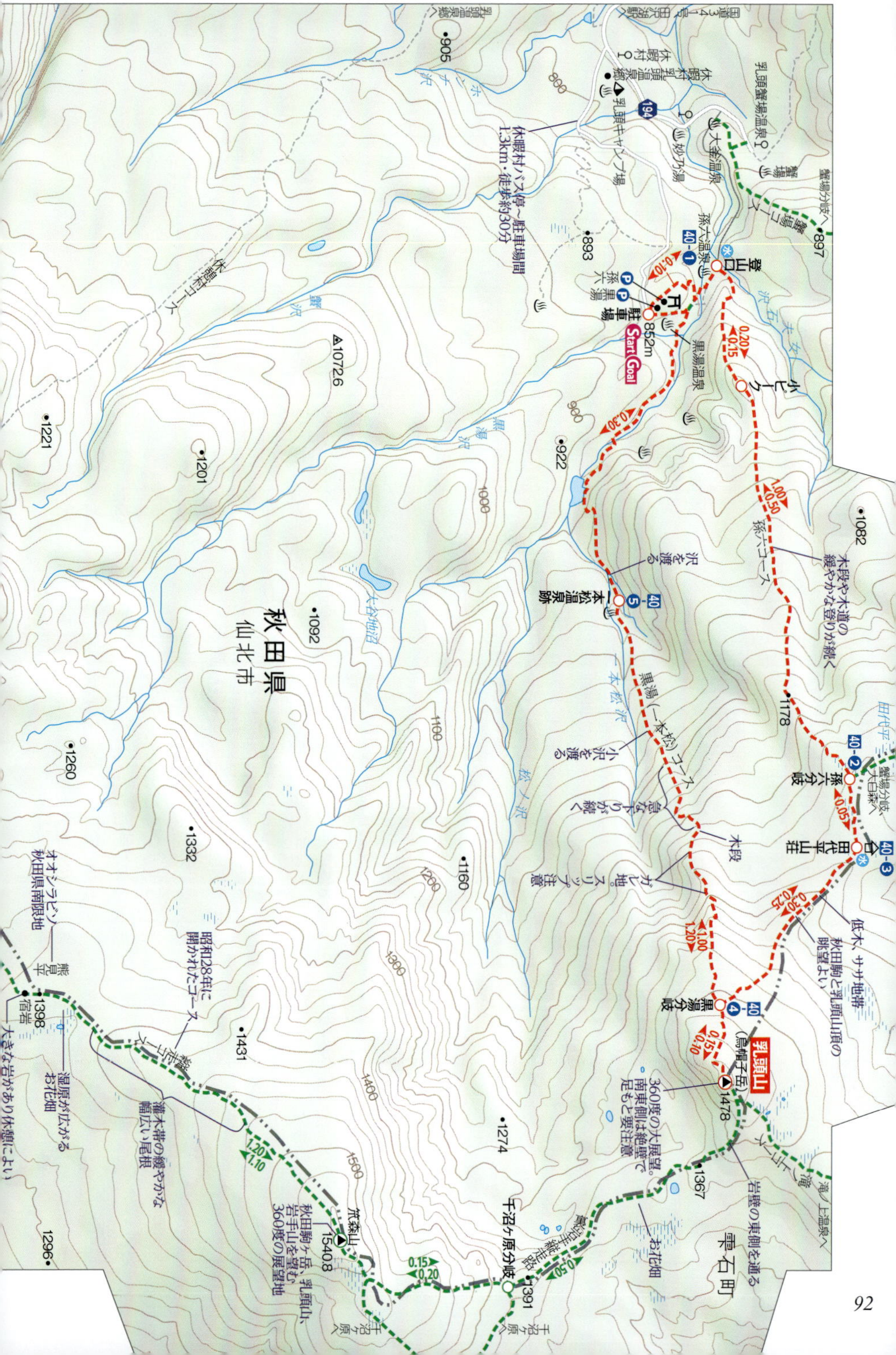
乳頭山
（烏帽子岳）
1478
秋田県
仙北市
雫石町
登山口
駐車場
852m
Start Goal
孫六温泉
黒湯温泉
妙乃湯
大釜温泉
乳頭キャンプ場
休暇村乳頭温泉郷
休暇村バス停〜駐車場間1.3km・徒歩約30分
休暇村コース
乳頭蟹場温泉
蟹場分岐へ
小ピーク
孫六コース
木段や木道の緩やかな登りが続く
孫六分岐
田代平山荘
黒湯分岐
一本松温泉跡
沢を渡る
黒湯（一本松）コース
小沢を渡る
急な下りが続く
木段
ガレ地。スリップ注意
低木、ササ地帯
秋田駒と乳頭山頂の眺望よい
360度の大展望。南東側は絶壁で足もとに要注意
岩壁の東側を通る
千沼ヶ原分岐
笊森山
1540.8
秋田駒ヶ岳、乳頭山、岩手山を望む360度の展望地
灌木帯の緩やかな幅広い尾根
昭和28年に開かれたコース
湿原が広がるお花畑
大きな岩があり休憩によい
熊見平
オオシラビソ秋田県南限地
お花畑
滝ノ上温泉へ

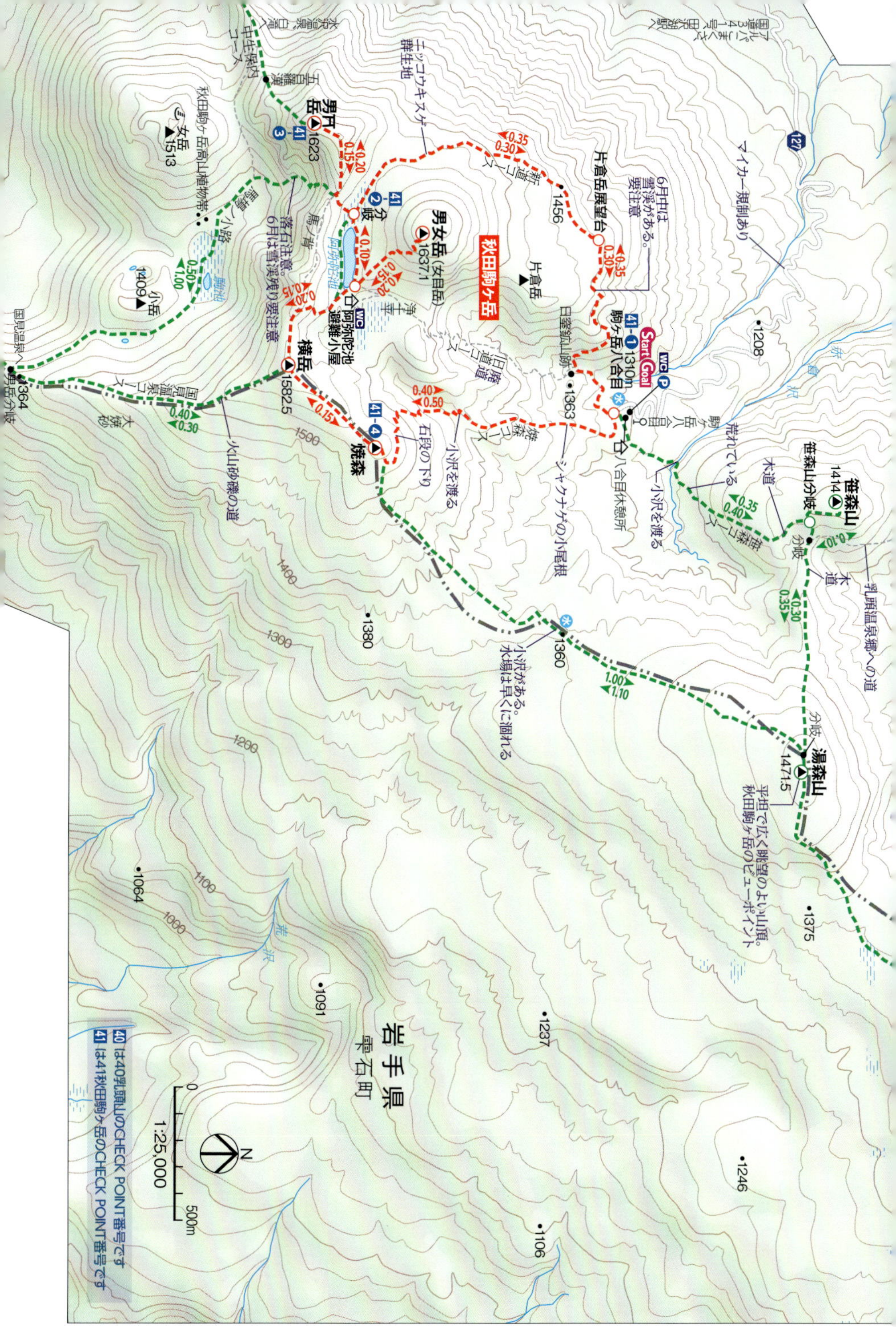
秋田駒ヶ岳
男女岳(女目岳)
1637.1
男岳
1623
女岳
1513
小岳
1409
横岳
1582.5
焼森
湯森山
1471.5
笹森山
1414
笹森山分岐
片倉岳
片倉岳展望台
6月中は雪渓がある。要注意
駒ヶ岳八合目
1310m
Start Goal
阿弥陀池避難小屋
阿弥陀池
分岐
新道コース
旧登山道コース
焼森コース
シャクナゲの小尾根
小沢を渡る
石段の下り
八合目休憩所
荒れている
木道
乳頭温泉郷への道
マイカー規制あり
秋田駒ヶ岳高山植物帯
ニッコウキスゲ群生地
五百羅漢
国見温泉コース
火山砂礫の道
落石注意。6月は雪渓残り要注意
平坦で広く眺望のよい山頂。秋田駒ヶ岳のビューポイント
小沢がある。水場は早くに涸れる
岩手県
雫石町
1:25,000
40は40乳頭山のCHECK POINT番号です
41は41秋田駒ヶ岳のCHECK POINT番号です

41 秋田駒ヶ岳

田沢湖を眼下に、豊富な高山植物を訪ねる

日帰り

あきたこまがだけ
1637・1m（男女岳・1等三角点）

歩行時間＝3時間45分
歩行距離＝6・5㎞

技術度 1
体力度 1

コース定数＝15
標高差＝327m
累積標高差 ↗590m ↘590m

↑避難小屋付近から阿弥陀池と男岳（右）、馬ノ背（左）を望む

←秋田県最高峰・男女岳山頂。小祠と1等三角点がある。眺望は抜群で、眼下に田沢湖を望む

十和田八幡平《とわだはちまんたい》国立公園の南端部に位置する秋田駒ヶ岳は、周辺に居並ぶ男女《おなめ》（女目《おなめ》）岳《だけ》、男岳《おだけ》、女岳《めだけ》などを総称し、秋田県内では最も高い山である。山中一帯は、豊富な高山植物群と火山地形に特色のある優れた景観をもち、奥羽脊稜《おううせきりょう》山脈の名峰のひとつとしてその名は高い。また、山頂周辺は原生地域として、国立公園の特別保護地区に指定されている。初夏になると山腹に「駒」の雪形が現れることから、「駒形山《こまがたやま》」と称す山名の由来もある。秋田県側の山麓には水沢《みずさわ》、田沢湖《たざわこ》高原、乳頭《にゅうとう》の各温泉峡郷、岩手県側に国見《くにみ》温泉があり、行楽やスキーなどのレクリエーション基地としてにぎわいを見せている。

秋田駒ヶ岳へは、6箇所ほどの登山口があり、ここでは最もポピュラーな八合目から新道をたどって山頂を目指し、焼森《やけもり》を経て八合目に戻るコースを紹介しよう。

■鉄道・バス
往路・復路＝JR秋田新幹線・田沢湖線田沢湖駅から羽後交通バスで駒ヶ岳八合目（アルパこまくさ経由）。バスはマイカー規制実施日となる6月1日〜10月31日の土・日曜、祝日運行で、6月下旬〜8月中旬は毎日運行。

■マイカー
国道46号田沢湖生保内から国道341号小先達を経て県道127号（駒ヶ岳線）終点・八合目へ。ただし、先述のマイカー規制実施期間中はアルパこまくさで登山バス（羽後交通バス運行）に乗り換える。規制時間は5時30分から17時30分まで。

■登山適期
6〜10月。新緑や紅葉期も人気が高いが、高山植物が咲き競う6〜8月、とくにコマクサ、ニッコウキスゲ、シャクナゲの開花期が最適。

■アドバイス
▽県道127号駒ヶ岳線入口から八合目の園地まで7・1㌔の舗装路。
▽山開きは6月1日。ただし、6月中は片倉岳の北斜面に雪渓が残る。通行に注意。

CHECK POINT

1 駐車場などがある八合目登山口。中央の看板が登山道の入口

2 男岳への分岐から阿弥陀池を望む。東端に避難小屋が建っている

3 駒形神社が建つ男岳の山頂。眼下には田沢湖や女岳が望まれる

4 ケルンの立つ眺望のよい焼森山頂。右は男女岳、左は男岳

田沢湖高原から駒ヶ岳八合目への車道を走ると、バス停や休憩所、大駐車場などの施設が整備された**駒ヶ岳八合目**の園地に着く。

駒ヶ岳八合目の登山口には水場

阿弥陀池避難小屋から最高峰・男女岳を望む

があり、すぐ先で焼森への道を左に見送る。この先、鉱山跡を経て、対岸に笹森山《ささもりやま》を望みながら**片倉岳展望台**に着く。

ここから道は南進し、行く手に男岳を望みながら、保護柵の中の平坦な道を行く。このあたりからはニッコウキスゲの群生地となる。男女岳を回りこみ、東に向きを変えて木道を行くようになると阿弥陀《あみだ》池西端の**分岐**に着く。右に進んで稜線を登り、20分ほどで女岳の溶岩流が見える駒形神社の建つ**男岳**山頂に着く。**分岐**に戻り、池畔沿いに進むと**避難小屋**だ。

池は東西に長く、周辺は高山植物が豊富である。また周囲は木道が設置され、濃霧の際でも必ず避難小屋に突き当たるので安心だ。トイレ棟も設置されている。

男女岳へは崩落防止の棚沿いの階段登りとなり、登りきると小祠と1等三角点のある**男女岳**山頂だ。眼下の田沢湖や乳頭山《ざん》、さらに八幡平や岩手山《いわてさん》が雄大に望まれる。

避難小屋に戻り、木道先の急坂を登って**横岳**《よこだけ》山頂へ。ここは国見温泉コースの分岐点だ。この先、火山砂礫の保護柵を行くと、ケルンの立つ眺望のよい**焼森**山頂に着く。山頂は広く、濃霧時は要注意。

北側のすぐ先で縦走路と分かれ、左へ行くとまもなく石段の急な下り坂道となる。小沢を渡り、シャクナゲの茂る小尾根を下っていくと、**駒ヶ岳八合目**に戻る。

▽火山性微動あり。情報に注意。
▽中生保内コースは白滝を経て五百羅漢から男岳へ直登（林道終点から約3時間）。水沢温泉コースは水沢左岸の急な尾根を登り、中生保内コースと合流（約2時間30分）。各林道は当該自治体へ状況確認を要する。国見温泉コースは横長根、横岳を経て男女岳へ（約3時間）。
▽男女岳から湯森山、笊森山を経て乳頭山への縦走は、所要約4時間20分の健脚者向きコース。
▽**笹森山**　ニッコウキスゲ群落地。八合目から約40分。湯森山や乳頭温泉郷に通じる。
▽男岳鞍部からは駒池・馬場ノ小路～大焼砂～横岳～阿弥陀池の一周コースもある。
▽温泉は、アルパこまくさに自然ふれあい温泉館（☎0187・46・2101）、ほかに田沢湖高原温泉、水沢温泉郷がある。問合せは田沢湖観光情報センター「フォレイク」（☎0187・43・2111）へ。

■問合せ先
仙北市田沢湖庁舎☎0187・43・1111、羽後交通田沢湖営業所（バス）☎0187・43・1511、田沢観光タクシー☎0187・43・1331

■2万5000分ノ1地形図
秋田駒ヶ岳・国見温泉

＊コース図は92・93ページを参照。

42

秋田駒ヶ岳と和賀・朝日山塊の展望所

貝吹岳・笹森山

かいぶきだけ　ささもりやま

992.0m（3等三角点）
994.3m（3等三角点）

日帰り

Ⓐ貝吹岳　歩行時間＝3時間5分　歩行距離＝8.6km
Ⓑ笹森山　歩行時間＝2時間　歩行距離＝5.4km

技術度　体力度

コース定数＝Ⓐ13Ⓑ9

標高差＝Ⓐ239mⒷ241m

累積標高差　Ⓐ↗448m　↘448m　Ⓑ↗356m　↘356m

お助小屋跡少し先からの貝吹岳。左端の送電塔が管理道路の終点

秋田と岩手県境にまたがる貝吹岳は、国道46号仙岩《せんがん》トンネルのほぼ真上にある。南隣の地森《じもり》とともに、山頂部に反射板が建ち、麓からの格好の目印となっている。かつて国道46号の旧道は、貝吹岳と笹森山間の稜線をまたいで通っていたが、今は閉鎖されている。

Ⓐ貝吹岳　貝吹岳への登山は、旧国道の県境・ヒヤ潟《がた》から反射板の管理道路を利用する。国見《くにみ》温泉に通じる旧国道に乗り入れて進むと、国見温泉に通じる道路との分岐に出る。旧道は分岐で一般車は通行止め、ここが**登山口**となる。

通行止め地点からヒヤ潟まで2キロほど行くと、大きな石碑の立つ仙岩峠に着く。石碑のすぐ手前に管理道路の入口があり、山頂直下まで車道はのびている。

ヒヤ潟・仙岩峠にある**旧登山口**から平坦に近い稜線沿いの狭い車道を行くと、石碑のある**お助《たすけ》小屋跡**に着く。かつて往来した人々が、物資交換の中継地として利用したという。ここから少し進めば左方に反射板の立つ貝吹岳の山頂が見え、さらに進むと雫石《しずくいし》方面からの道が左から合流し、少しはずれたところに「従是《これより》西南秋田領」と刻まれた石柱がある。かつて「的方《まとがた》」

笹森山中腹から望む秋田駒ヶ岳

■鉄道・バス
Ⓐ、Ⓑ＝JR秋田新幹線・田沢湖線田沢湖駅からタクシーで旧国道の登山口へ。

■マイカー
Ⓐ、Ⓑ＝角館方面から国道46号仙岩トンネルを抜け、国見温泉にいたる旧国道（県道266号）に入る。舗装道を6.5キロ進むと、温泉入口との分岐に登山口がある。

■登山適期
6〜10月。奥羽脊梁の峰々の眺望は、新緑と紅葉期が格別。静かな稜線散策と温泉が楽しめる。

■アドバイス
▽貝吹岳への管理道路終点・鉄塔先の尾根筋に平成20年に新道が開かれた。上部で旧道に合流する（Ⓐ）。
▽温泉は、国見温泉に石塚旅館（☎090・3362・9139）と森山荘（☎090・1930・2992）、生保内地区に東風の湯（☎0187・43・2133）がある。

■問合せ先
仙北市田沢湖庁舎☎0187・43・1111、田沢観光タクシー☎0187・43・1331

■2万5000分ノ1地形図
国見温泉

とよばれた地点である。すぐ先に鉄塔が建ち、**車道の終点**となる。

ここから秋田側に少し下り、この先の分岐から左へ急坂を登るとササの茂る道となり、登りきると反射板に出る。左に少し進むと、すぐに3等三角点の**貝吹岳**山頂である。北方に重畳たる秋田駒ヶ岳《こまがだけ》、南方に地森、その先に和賀《わが》・朝日《あさひ》山塊が連なり、岩手山《いわてさん》や早池峰山《はやちねさん》まで、すばらしい山岳展望を楽しめる。

Ⓑ笹森山　登山口の通行止め地点からヒヤ潟の**笹森山登山口**へ。昔の面影を残す送電線先を登ると県境上の道となり、笹森山や秋田駒ヶ岳が近くに望まれる**国見峠**にいたる。この先下りとなり、まもなく分岐に着く。左を少し登ると3等三角点のある眺望のよい**笹森山**山頂である（反射板は2019年に撤去された）。分岐へ戻り、この先ブナ林の急坂を降りて竜《りゅう》川上流の小沢を渡る。登り返すとすぐ**国見温泉**である。車道を**登山口**に戻る。

CHECK POINT

Ⓐ貝吹岳

国見温泉との車道分岐。仙岩峠への車道は通行止め。ここが貝吹岳と笹森山の登山口となる

貝吹岳山頂。北に秋田駒ヶ岳、南に和賀・朝日山塊が雄大に望まれる

Ⓑ笹森山

国見峠。「従是北東盛岡領」と刻まれた石柱が立っている

下りきった国見温泉から振り返ると笹森山が見えている

43 懸崖絶壁の渓谷と雲上のお花畑を訪ねる

薬師岳

日帰り

やくしだけ 1218m

歩行時間＝5時間15分
歩行距離＝8.5km

技術度 ２／５

体力度 ２／５

コース定数	＝22
標高差	＝851m
累積標高差	↗ 925m ↘ 925m

奥羽《おうう》山脈の秘境、和賀《わが》・朝日《あさひ》山塊の南端に、薬師岳とそれに連なる甲山《かぶとやま》がある。その懐には景勝地の真木《まぎ》渓谷があり、数多くの沢をひとつに集めて深いV字形の谷をなし、断崖と樹木がみごとな渓谷美をつくりあげている。薬師堂に由来する薬師岳山頂の北側には、高山植物の咲き乱れる雲上の楽園・薬師平《だいら》が広がり、山全域が県立自然公園に指定されている。

↑大仙市太田地区から右奥に薬師岳を望む

←ニッコウキスゲの咲き誇る薬師平を行く。右奥は小杉山

かつては信仰やマタギの領域で、登山の対象として縁遠い存在であったが、近年の造林事業による真木林道の開設によって、隣接する和賀岳《だけ》とともに一躍登山の対象として注目されてきた。

薬師岳への**登山口**は、真木林道終点近くの休憩所のある駐車場（旧マタギ小屋跡地）にある（100ジ《ペー》「和賀岳」参照）。途中、奇岩の立岩《たて》がある袖川《そでがわ》園地や、柱状節理の大倉《おおくら》岩の岩壁、広場のある小《こ》路又《じまた》キャンプ地跡などを経由する。

甘露水《かんろすい》がある**登り口**から杉林を少し登ると、旧道との曲沢《まがりさわ》分岐に出て、まもなくうっそうと茂る樹林帯となって、休憩地のブナ台《だい》に着く。ここから山腹を巻いていくとブナ林のつづら折りの坂道となり、登りきると小尾根に出て、すぐ冷水の流れる**滝倉**《たっくら》に着く。

この先、避難小屋跡を経てブナの樹林帯を行くと、またつづら折りの坂道となり、やがて山頂からのびる稜線上の**倉方**《くらかた》に飛び出す。右方に甲山、前方にドーム状の薬

■鉄道・バス
公共交通機関の利用は不適。登山口へのタクシーはJR秋田新幹線・田沢湖線角館駅またはJR秋田新幹線・奥羽本線大曲駅から。

■マイカー
秋田道大曲IC～国道105号～国道13号大曲～地方道50号で小神成へ。または国道46号神代～地方道50号で小神成へ。以下100ジ《ペー》「和賀岳」の本文参照。

■登山適期
初夏にかけて山頂先の薬師平に咲き乱れるニッコウキスゲ、ブナ林が映える新緑、真木渓谷の絶壁とそれを取り巻く山々の紅葉期が最適。

■アドバイス
▽**甲山**　大倉岩付近から天を突く特

師岳山頂を望みながら緩い稜線をたどると、まもなく急坂にさしかかる。右手は切れ落ちた崩壊地で、強風時は要注意。登りきったところが山頂の肩で、甲山からのコースと合流する薬師岳分岐に着く。この先ササ地帯を進むと、薬師如《にょ》来《らい》を祀る小祠のある眺望に優れた**薬師岳**山頂である。少し先に花園の薬師平がある。

下山は往路を戻る。健脚者は、薬師岳から甲山へ縦走してもよい。薬師岳分岐の先からやせた稜線を下る。左方には和賀岳と和賀川源流部の眺めが広がり、その先、特異な山姿をもつ甲山（曲甲《まがりかぶと》）への分岐にいたり、薬師岳の登り口に下山する（下段脚注参照）。

CHECK POINT

1 登り口にある甘露水。駐車スペースがあるが狭い

2 倉方の上部から薬師岳（左）と崩壊地（右）を望む

3 甲山と大甲の間から望む甲山（曲甲）（コース外）

異な姿で望まれ、地元では曲甲、北隣の1108メートル峰を大甲とよぶ。

▽**甲山コース**（昭和53年開設）甘露水から作業道跡をたどり、2つの沢を渡りつづら折りの坂を登ると、すずみ長根入口に着く。この先、尾根筋を登ると薬師岳が望まれる崩壊地上に出、ブナ林と灌木帯の急坂を登って中ノ沢岳方面との分岐にいたる（4時間40分）。健脚者向き。

▽**風鞍**　七瀬林道の途中から左への林道に入り、登山口から作業道を進んで黒森山とのコルに出て、尾根筋を登って山頂へ。南風鞍・甲山方面への縦走も可能だが、健脚者向き。

▽登山口にいたる真木林道の通行にあたっては、当該自治体に状況を確認しておいたほうが無難。

▽温泉は、川口渓谷入口に川口温泉奥羽山荘（☎0187・88・1717）、中里地区に中里温泉（☎0187・88・1471）がある。

■問合せ先
大仙市太田支所☎0187・88・1111、角館観光タクシー☎0187・54・1144、平和観光タクシー☎0187・54・3333、よつやタクシー☎0187・66・1428、千屋タクシー☎0187・85・4141

■2万5000分ノ1地形図
大神成・北川舟

44

深山幽谷にひたり、静寂な山旅を味わう

和賀岳

日帰り

わがだけ
1439・4m（1等三角点）

歩行時間＝8時間55分
歩行距離＝15・5km

技術度

体力度

コース定数＝36

標高差＝1072m

累積標高差 ↗1425m ↘1425m

薬師平付近から和賀岳を望む。左は小鷲倉、右奥が和賀岳山頂の大鷲倉（写真＝鈴木裕子）

薬師平付近に咲き誇るニッコウキスゲ畑

秋田と岩手の両県にまたがる奥《おう》羽脊稜《うせきりょう》山脈の真昼《まひる》山地に属する和賀・朝日《あさひ》山塊は、標高1200〜1400メートル級の朝日岳《だけ》、モッコ岳《だけ》、和賀岳、薬師岳《やくしだけ》などによってひとつの大山塊をなしており、最高峰の和賀岳はその主峰である。奥深い渓谷と、うっそうと茂るブナの原生林を抱き、とくに動植物が豊富で、東北地方の山ならではの特質を充分に備えた魅力ある山でもある。

秋田側からの登山コースは2つあるが、どちらも健脚者向き。登山者の大半は真木《まぎ》渓谷経由、薬師岳山頂からのコース（昭和40年頃に地元の山岳会が開設）を利用している。いずれのコースも静かな山旅を味わえる。

大仙市の地方道11号（角館六郷《かくのだてろくごう》線）から同50号（大曲田沢湖《おおまがりたざわこ》線）に入り、太田町小神成《こがなり》地区の太田東《おおたひがし》小学校

■鉄道・バス
98ページ「薬師岳」参照。

■マイカー
98ページ「薬師岳」参照。

■登山適期
初夏にかけて咲き乱れる薬師平周辺の高山植物群、幽玄深山の渓谷に茂るブナ原生林、そしてひと足早く山頂周辺を紅・黄色に染める秋も味わい深い。

■アドバイス
▽真木渓谷から休憩所のある駐車場（旧マタギ小屋跡地）まで、約7キロの砂利道。途中にトイレのある神川園地と大倉岩の絶壁がある。
▽小杉山から白岩岳への道を少し下ると、自然豊かな堀内沢や神川沢、それに白岩岳などの展望地がある。
▽白岩岳から和賀岳、薬師岳への縦走コースは、102ページ「白岩岳」を参照のこと。
▽登山道の整備状況などは事前に当該自治体に確認しておくほうが無難。
▽薬師岳、和賀岳はかつての造林事業によって真木渓谷や入角沢などに林道が開設され、以来登山者への便宜もはかり脚光を浴びてきた経緯をもつ。
▽和賀岳は秋田側で「阿弥陀岳」「大鷲倉」の別名をもつ。県立自然公園に指定され、上流部は薬師岳とともに原生流域として保護されている。
▽和賀岳山頂には、「岩根にカモシカ

CHECK POINT

1 休憩所付きのトイレ棟と駐車場のある登山口

2 目指す和賀岳山頂を望みながら主稜線をたどって行く（小鷲倉付近）

3 小祠が祀られている広い和賀岳の山頂。360度の眺望が広がっている（後方は朝日岳と秋田駒ヶ岳）

前から真木集落を経て真木林道を行く。終点近くの小路又《こじまた》の少し先に駐車場と平成18年に新築された休憩所付きのトイレがあり、ここが**登山口**となる。林道は少し先の甘露水《かんろすい》までのびていて、ここに小駐車地と**登り口**がある。

甘露水の登り口から、途中の**滝**《たき》**倉**《くら》、**倉方**《くらかた》を経て**薬師岳**に向かうが、コース案内は98ページ「薬師岳」の項を参照のこと。

薬師岳山頂から草原の道を北に進む。周囲は高山植物の群生地で、開花期はみごとだ。幅広い主稜線上の道を下ると薬師平《だいら》のお花畑に着く。この先、一面ササ原の緩やかな主稜線上を行くと、薬師岳方面を望む小さなお花畑に出て、すぐに**小杉山**《こすぎやま》山頂に着く。左方から白岩岳《しらいわだけ》から錫杖《しゃくじょう》ノ森《もり》を経由する縦走コースが合流する。

小杉山から東にのびる幅の狭い稜線上を行く。右手の岩手側にはガレ場もあり、強風時には要注意だ。道沿いのササが低くなり、主峰と間違いやすい小鷲倉《こわしくら》の急登が終わると、足もとに和賀川の源流がさらに広がり、一段と高山らしい雰囲気が増してくる。

小峰を登り下りして草地に出ると、眼前に山頂が迫る。ガレ地の斜面を登りきると、1等三角点と小祠のある**和賀岳**山頂である。岩手側の高下《こうげ》からのコースも、ここで合流している。

山頂からの眺望はさえぎるものがなく、北に朝日岳が迫り、その奥に秋田駒ヶ岳《こまがだけ》や岩手山《いわてさん》、南には真昼山地がえんえんと連なり、仙《せん》北《ぼく》平野をはじめ、出羽《でわ》山地の広がるさまは実に壮観である。

下山は往路を戻る。

笹藪に熊谷間に猿も遊んでいます」と記された登山道開設記念の小碑がある。

▽温泉は98ページ「薬師岳」を参照。

■**問合せ先** 98ページ「薬師岳」を参照。

■**2万5000分ノ1地形図** 大神成

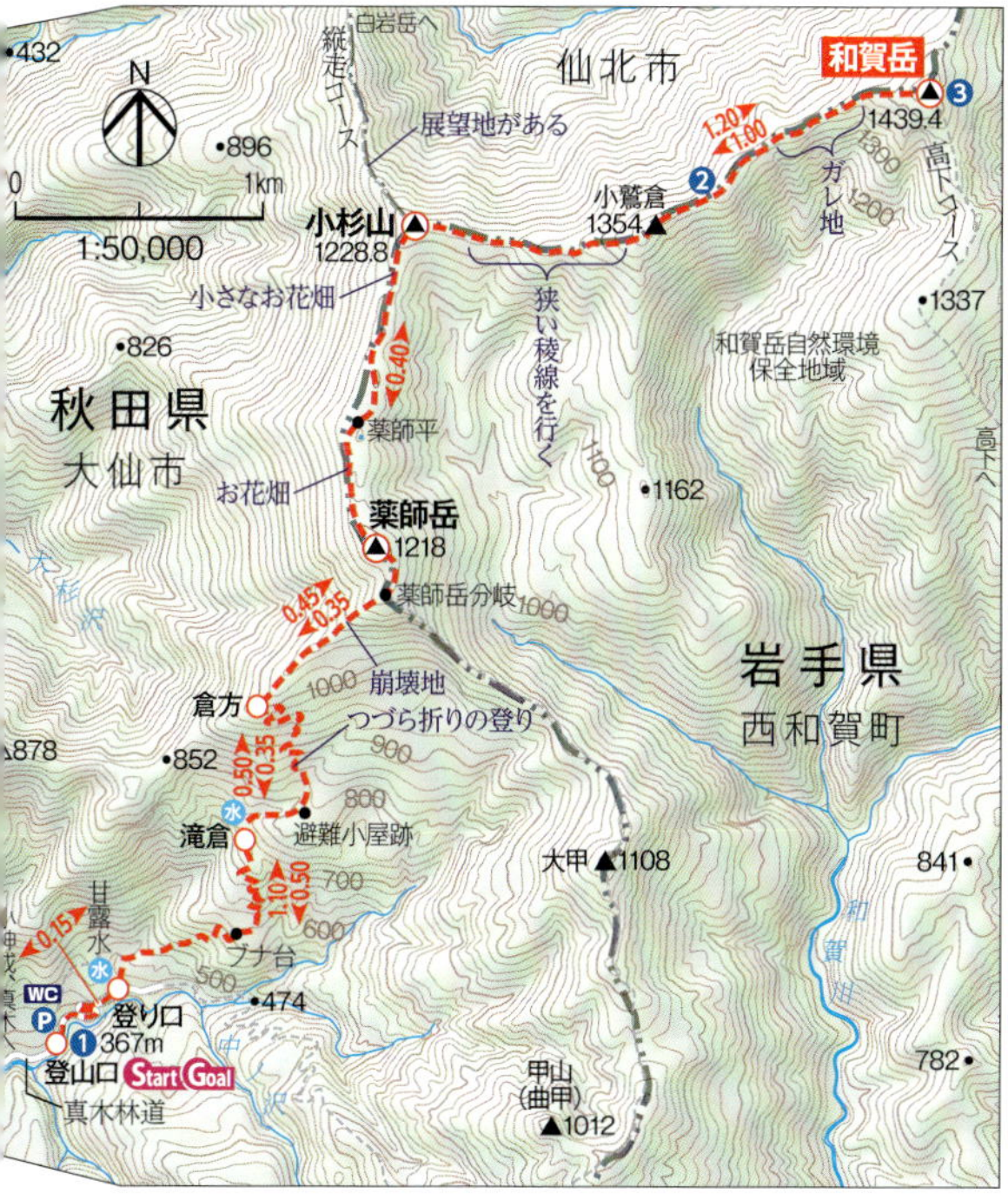

45 白岩岳

薬師信仰の山から輝くブナの美林を楽しむ

しらいわだけ　1177m
（白岩薬師　1158・5m／2等三角点）

日帰り

歩行時間＝4時間
歩行距離＝7・5km

技術度
体力度

コース定数	＝17
標高差	＝720m
累積標高差	815m（登り）／815m（下り）

↑角館の東、仙北市白岩広久内地区から望む白岩岳山頂（左奥）と白岩薬師（中央）。この時期、白岩薬師から黄金色一色に染まる仙北平野や和賀・薬師の山々が望まれる

←シシ小屋跡から美しいブナ林を行く。山中一の見どころだ

奥《おう》羽《う》脊梁《せきりょう》山脈の盟峰である和《わ》賀《が》・朝日《あさひ》山塊の主稜線より、西対岸に大きく山塊を張り出した白岩岳は、南隣の小滝山《こたきやま》と並んで、北部の仙北《せんぼく》平野、とくに角館《かくのだて》方面から重量感あふれる山容を望むことができる。古くから薬師《やくし》信仰の「お山」として山麓の人々に親しまれており、山頂から南へのびた稜線の末端に白岩薬師が祀られている。田沢《たざわ》湖畔にある院内岳《いんないだけ》の院内薬師、山谷《やまや》川上流にある桝森《ぶなもり》の山谷薬師と併せて、角館地区の「峰《みね》の三薬師」とよばれている。

白岩薬師からの眺望は良好で、黄金色一色に染まる仙北平野を眼下に望むさまは絶景である。

白岩岳へは地方道50号（大曲《おおまがり》田沢湖線）の白岩地区から入る。白岩集落の北側に広域道路みずほの里ロードの入口があり、ここから約4キロ先にある新入角《いりすみ》橋から入角林道に入り、さらに5キロほど走ると案内板の建つ林道終点に着く。

■鉄道・バス
往路・復路＝公共交通機関の利用は不適。登山口へのタクシーはJR秋田新幹線・田沢湖線角館駅から。

■マイカー
国道46号神代から地方道50号（大曲田沢湖線）高屋敷を経て広域農道（みずほの里ロード）へ。または国道105号角館から県道258号（白岩角館線）白岩へ。以下本文参照。

■登山適期
6～10月。稜線上のブナ林と眼下に望む神代ダム湖は四季を問わず、山裾の抱返り渓谷と併せて楽しめる。

■アドバイス
▽白岩集落にある神明社の脇から入角橋にいたる車道もある。
▽登山口への入角林道は、通行の際は当該自治体に状況を確認しておいたほうが無難。
▽白岩薬師へのコースは廃道状態。白岩岳山頂から600メートルほどのやぶ漕ぎとなり、健脚者向き。
▽和賀岳方面への縦走路は、かつての修験者やマタギのたどった喜左エ門長根の険しい踏跡を、昭和40年ごろに地元の山岳会が開拓したもので、幽玄な深山の雰囲気が味わえる。白岩岳山頂から灌木帯の緩い稜線上を下ると兎森にいたる。この先の嶮崖・錫丈ノ森は、堀内沢側に下りて錫丈ノ森を巻きこむが、岩場なので要注意。再び稜線に戻りブナ帯を登

駐車場があり、ここが**登山口**だ。

登山口から杉林を登り、ブナの山腹を巻くと杉木立の**沢巻台**《さわまきだい》にいたる。杉林の中の緩い登りが続き、カラマツに変わるとやがて旧杉沢《すぎさわ》コース（廃道）との分岐跡に出る。尾根沿いに山頂方面を望みながら行くと、天然杉のある**シシ小屋跡**に着く。

シシ小屋跡から東進し、稜線上に残された美しいブナ林帯を行く。この先南斜面を巻いて稜線沿いを登ると、樹木の背丈も低くなり、眺望のよい行太沢展望台に飛び出す。すぐ上が**白岩岳**山頂だが、灌木に囲まれ眺望がないので、ここで満喫するとよい。刈払いされていると、秋田駒《こま》ヶ岳《だけ》や眼下にブルーに輝く神代《じんだい》ダム湖などが美しい。

白岩岳山頂で道は2分し、直進すると錫杖《しゃくじょう》ノ森《もり》を経て和賀岳《だけ》方面へ、右折は灌木帯の平坦な稜線をたどって眺望の開けた2等三角点のある白岩薬師にいたるが、コースは灌木やササに覆われており、一般登山者向きではない。

白岩薬師には小祠が祀られ、東対岸に和賀・朝日の山々、そして眼下に仙北平野が広がり、刈払いされているとその眺望は圧巻だ。また、白岩岳山頂のすぐ東に「万年シャクナゲ」とよばれる木がある。

下山は往路を戻る。

るとササや灌木となり、和賀岳への分岐点・小杉山にいたる。縦走路はやぶ化が進んで荒れており、健脚者向き。

▽温泉は、田沢湖芸術村の温泉ゆぽぽ（☎0187・44・3939）、角館駅近くのかくのだて温泉（☎0187・52・2222）がある。

■問合せ先

仙北市観光課☎0187・43・3352、仙北市西木庁舎☎0187・43・2200、角館観光タクシー☎0187・54・1144、平和観光タクシー☎0187・54・3333

■2万5000分ノ1地形図

抱返り渓谷・大神成

CHECK POINT

1 駐車場の奥に緑の回廊の案内板が立つ登山口。左に入口がある

2 眺望のない白岩岳山頂。ここから白岩薬師への道は長い間手入れがされていない

3 小祠を祀るひと昔前の白岩薬師山頂。1158.5mの2等三角点がある

46 殺倉地帯を眼下に、ササ原の稜線歩きを楽しむ

真昼岳

日帰り

まひるだけ
1059・4m（2等三角点）

歩行時間＝3時間30分
歩行距離＝5・7km

技術度 ▲▲▲▲▲（1）
体力度 ❤❤❤❤❤（1）

コース定数	＝14
標高差	＝154m
累積標高差	↗ 581m / ↘ 581m

北ノ又岳から真昼岳（中央右）と音動岳（右）。左奥に女神山が望まれる

秋田・岩手県境にそびえる真昼岳は、県南の殺倉地帯・仙北《せんぼく》平野の東に位置し、えんえんと連なる真昼山地の中でもひときわ高く、山麓からは3つの峰を並べた存在感のある山姿で望まれる。古くから信仰の「お山」で、山頂には大国主命《おおくにぬしのみこと》を祀る三輪《みわ》神社の奥社が鎮座している。山名は、伝説の坂《さかの》上《うえの》田村麻呂《たむらまろ》が東征の折、昼ごろに山頂に着いたことに由来するという。隣接する川口《かわぐち》・真木《まぎ》渓谷などとともに県立自然公園に指定されている。

登山口は、秋田側に赤《あか》倉《くら》口と善知鳥《うとう》口、岩手側に沢内《さわうち》口、それに近年開設された峰越《みねこし》林道からの峰越口の4箇所あるが、ここでは最も容易に登れる峰越口からのコースを紹介しよう。

峰越口へは千畑《せんはた》の一丈木《いちじょうぎ》公園先を直進していくと、広い牧草地の中の十字路に出る。右の道は赤倉登山口へ。直進する道は峰越林道で、大又《おおまた》沢沿いにのびている。

大仙市払田から望む真昼連山。左から北ノ又岳、音動岳、真昼岳（右端は南峰）

■**鉄道・バス**
公共交通機関の利用は不適。JR秋田新幹線・奥羽本線大曲駅から羽後交通バスが千屋地区まで運行されているが、土・日曜、祝日は運休。

■**マイカー**
国道13号大曲または国道46号角館方面から地方道50号大曲田沢湖線に入り、一丈木公園へ。以下本文参照。

■**登山適期**
6～10月が適期。新緑や紅葉が山腹に映える時期は格別。

■**アドバイス**
▽アクセス途中の十字路から峰越登山口へは約10㌔ある。運転注意。
▽山開きは6月第2日曜。
▽**赤倉口** 古くからの参道。十字路から右の赤倉ノ鳥居先の林道終点へ。ここから登り、ヤセズルの尾根を経て山頂へ（3時間）。
▽**善知鳥口** 善知鳥集落からの林道先・3つの沢出合から登り、向沢から松坂を登って兎平分岐を経て山頂へ。健脚者向き。沢沿いは荒れており、増水時や夜間通行は危険。
▽**大浅沢コース** 2018年に開かれたコース。善知鳥登山口から上部で赤倉コースに合流し山頂へ（2時間30分）。
▽温泉は、川口温泉奥羽山荘（☎0187・88・1717）や千畑温泉サン・アール（☎0187・84・3983）がある。

峰越林道に入り、南部長峰《なんぶながね》のつづら折りを登っていくと、まもなく県境上の駐車場に着く。ここに案内板などの立つ**登山口**がある。

登山口から県境上の道をたどるが、少し先の急坂を登ると眺望の広がる**北《きた》ノ又岳《まただけ》**で、巻道もある。ここから灌木の中の急坂を下っていくとササ原となり、眺望が開けてくる。この先、樹木がなく明るいやせ尾根を登りきって、少し進むと標柱の立つ**音動岳《おんどうだけ》**に着く。最高地点へは道はない。

音動岳から下り、小沢を越して登ると、右から赤倉口からのコースが合流する。この**赤倉分岐**からはササや草地の中の登りとなり、ピークを越すと目指す山頂が目の前に迫る。少し登り返すと平成16年に改築された三輪神社奥社の建つ**真昼岳**山頂である。標柱や方位盤などがあり、北に和賀《わが》・薬師《やくし》連山、南に女神山《めがみさん》や焼石《やけいし》連峰が連なり、眼下には広大な仙北平野が広がっている。

下山は往路を戻る。

■**問合せ先**
美郷町商工観光交流課☎0187・84・4909、羽後交通大曲営業所☎0187・63・2215、千屋タクシー☎0187・85・4141、よつやタクシー☎0187・66・1428

■**2万5000分ノ1地形図**
真昼岳

CHECK POINT

1 案内板の立つ峰越登山口。正面に北ノ又岳、左は音動岳と真昼山頂

2 音動岳から明るい稜線を行く。最高地点は右手にあるが道はない

3 右から赤倉コースが合流する赤倉分岐。山頂へはあと20分ほど

4 三輪神社奥社、石仏や方位盤がある真昼岳山頂。仙北平野の眺めは最高

47

女神山

往時の峠越えをしのび、静かな脊稜から頂へ

日帰り

めがみやま
955・3m (3等三角点)

歩行時間=7時間20分
歩行距離=12・5km

技術度 ■■□□□
体力度 ■■□□□

コース定数	=28
標高差	=698m
累積標高差	↗1050m ↘1050m

兎平分岐付近から望む女神山。右は七滝山(秋田女神)

兎平分岐付近から眺望のよい主稜線を行く(背景は真昼岳)

秋田と岩手の県境にまたがる真《ま》昼《ひる》山地の南端部・真昼岳《だけ》の南隣に位置する女神山は、仙北《せんぼく》平野の南部・大仙《だいせん》市や美郷《みさと》町一帯から望むと2つの峰からなる特長のある山容をしている。奥に見える峰は女神山(岩手女神)、手前の峰は七滝《ななたき》山《やま》で、秋田女神とも愛称され、登山愛好者に親しまれている。

女神山へは、これまでは両峰ともに秋田側からの登山道はなく、岩手側から岩手女神に登るコースのみであった。しかし、平成15年、美郷町千畑《せんはた》の善知鳥《うとう》集落から真昼岳への登山コース途中にある兎《うさぎ》平《だいら》分岐を経て、県境上に新たに登山コースが切り開かれ、秋田側からの登山が可能となった。これによって、北の白岩岳《しらいわだけ》と和賀岳《わがだけ》から風鞍《かざくら》や真昼岳などを経由して女神山までの大縦走路が実現され、新鮮味のある山として健脚者に注目をあびてきた山である。

登山口のある善知鳥集落へは、千畑地域を走る地方道50号大曲《おおまがり》田沢《たざわ》湖線から一丈木《いちじょうぎ》公園を経由するか、地方道11号角館《かくのだて》六郷《ろくごう》線から仏沢《ほとけざわ》公園を経由するとわかりやすい。善知鳥集落から善知鳥川沿いの林道を8キロほど行くと、3つの

■鉄道・バス 公共交通機関の利用は不適。登山口へのタクシー(要予約)はJR秋田新幹線・奥羽本線大曲駅から。

■マイカー 秋田道大曲ICから国道105・13号を経て、大曲から地方道50号または地方道11号で千屋へ。以下本文参照。

■登山適期 6~10月。広葉樹の広がる渓谷が美しく、新緑と紅葉の時期が適期。とくに松坂や県境稜線から眺める真昼岳山腹の紅葉が見どころ。

■アドバイス
▽堰堤先の河原は増水時や夜間通行は危険。大雨後は確認が必要。
▽兎平分岐~真昼岳間は1時間30分。分岐東隣りでレンゲツツジの名所の兎平(867メートル)まで15分ほど。
▽**相沢林道・女神山コース** 岩手側から登るコースで、コース全体がブナ林に囲まれ、県境を通って一周もできる。途中、白糸ノ滝や降る滝などの名滝がある(一周3時間30分)。
▽**後ろのツル道コース** 六郷温泉先の登山口から前記の岩手側コースへ合流し、女神山山頂へ(7時間)。
▽温泉は、仏沢公園近くの千畑温泉サン・アール(☎0187・84・3983)、六郷温泉あったか山(☎0187・84・2641)がある。

■問合せ先
美郷町商工観光交流課☎0187・

沢が合流する三沢《さんざわ》の出合に着く。ここが駐車場のある**登山口**で、すぐ先の小橋を渡ると標柱がある。

登山口から向沢に入ると堰堤があり、ここから洪水被害で不明確な河原の道を、目印を頼りに進む。道を見失わないように要注意だ。8つほどの堰堤があり、4回ほどの渡渉と沢中を6回ほど進む。ハシゴのある堰堤を越すと、やがて小祠と標柱の立つ**松坂《まつざか》登り口**に着く。

ここから尾根筋の道となり、少し先の滝見《たきみ》台《だい》を越すと、往時の面影がしのばれる峠越えの坂道となる。松坂の急坂を登りきると道は平坦となり、やがて県境・主稜線上の**兎平分岐**に着く。別名を大峠《おお》ともよぶ。十字路になっていて、直進する道は兎平コース、左は真昼岳山頂へいたる。

分岐から右へ、女神山を眺めながら南進する。途中のガレ場から振り返ると、真昼岳が雄々しい姿で望まれる。小峠《こ》を越し、ブナ林を登ると明鳥沢山《あけどりざわやま》。この先、低木帯を進むと登りとなり、稜線に出るとまもなく**女神山**山頂である。ここは岩手側の展望地で、すぐ西隣に秋田側が開けた展望地がある。眼前に仙北平野が広がり、北に真昼岳や和賀岳、南には焼石《やけいし》連峰などが望まれる。

下山は往路を戻る。

CHECK POINT

駐車場のある登山口から小橋を渡ると標柱が立っている。この先の堰堤から向沢に入る

堰堤右端に架けられているアルミハシゴを上がっていく

十字路の兎平分岐から女神山を眺めながら南へと進む

3等三角点と標柱の立つ女神山山頂。岩手側の眺望が広がっている

84・4909、大曲タクシー☎0187・62・0050、千屋タクシー☎0187・85・4141、よつやタクシー☎0187・66・1428

■2万5000分ノ1地形図
真昼岳・左草

気軽に登ることができる横手盆地の好展望台

御岳山（御嶽山）・黒森山

みたけさん 751m（最高点）
くろもりやま 763・0m（1等三角点）

日帰り

Ⓐ御岳山 歩行時間＝2時間20分 歩行距離＝5・3km
Ⓑ黒森山 歩行時間＝55分 歩行距離＝1・8km

技術度 Ⓐ 1/3 体力度 1/2
技術度 Ⓑ 1/3 体力度 1/2

コース定数＝Ⓐ9 Ⓑ4

標高差＝Ⓐ270m Ⓑ108m

累積標高差 Ⓐ 上り355m 下り355m　Ⓑ 上り115m 下り115m

黒森山山頂からの御岳山。緩やかな稜線に縦走路がのびている

真昼《まひる》山地の南部で、脊梁から枝分れし、緩い丘陵状で連なる山域に御岳（嶽《たけ》）山と黒森山がある。御岳山は横手《よこて》市、黒森山は美郷《みさと》町との境に位置し、美郷町六郷《ろくごう》方面から横手市街に向かうと、左方に緩やかに連れ立っている山容が横手盆地のどこからでも眺望できる。

黒森山山頂広場に建つ鞘堂。隣の展望台は廃止された

南に位置する御岳山の山頂には、県内の延喜《えんぎ》制式内社三社のうちの一社である塩湯彦《しおゆひこ》神社が祀られ、古来から山麓の人々に篤く信仰されてきた由緒ある霊山である。また、北隣に並ぶ黒森山の山頂には、古い祠に地元の山岳会が建立した鞘堂《さやどう》があり、水田信仰の雨乞《あまご》いの山として崇拝されてきた。近年、中腹に「いこいの森」が整備されている。

Ⓐ御岳山　横手市街から県道272号御所野安田《ごしょのやすだ》線に入り、横手高校前から吉沢《よしざわ》集落を経て林道萱《かや》峠線を行く。尾根沿いの林道をしばらく進むと、伐採で明るくなった峰越し近くで巨木の追分《おいわけ》ノ一本《いっぽん》杉に出合う。ここが駐車場と案内板の立つ**一《いち》ノ坂《さか》登山口**だ。先に少し下ると、山頂直下までのびる林道

■**鉄道・バス**
往路・復路＝公共交通機関の利用は不適。
Ⓐ＝一ノ坂登山口へのタクシーはJR奥羽本線横手駅から。
Ⓑ＝黒森峠登山口へのタクシーはJR奥羽本線飯詰駅から。

■**マイカー**
Ⓐ、Ⓑ＝秋田道・湯沢横手道路横手ICから国道13号へ。以下本文参照。

■**登山適期**
5月中旬～11月上旬。黒森山からの眺望はよく、新緑、紅葉期がおすすめ。黄金色に染まる横手盆地の眺望は圧巻。

■**アドバイス**
▽横手高校前から追分ノ一本杉まで7キロほどの舗装道。そこから林道終点まで2・5キロほどの砂利道。白滝観音分岐から先は狭い。分岐のすぐ先と終点に駐車地がある（Ⓐ）。
▽荒川地区から黒森峠まで10キロほどの舗装道（Ⓑ）。
▽**白滝観音口**　追分ノ一本杉先に登山口がある。道は荒れている。登山口（1時間40分）御岳山（Ⓐ）。
▽**黒森山・御岳山縦走路**　緩やかな広い稜線で、中間にある748メートル峰を登下降していく（40分・Ⓑ）。
▽温泉は、平安の風わたる公園近くに湯とぴあ雁の里温泉（☎0187・83・3210）、潟尻ダム公園近くに六郷温泉あったか山（☎0187

CHECK POINT

Ⓐ御岳山

案内板の立つ一ノ坂登山口。道路向かいに追分ノ一本杉がある

御岳山山頂の塩湯彦神社。樹木の生長で眺望は期待できない

Ⓑ黒森山

鳥居と案内板の立つ黒森峠登山口。真昼岳方面が望まれる

御岳山との分岐。直進は御岳山へ、黒森山へは右に進む

の入口がある。

登山口から少し進んで雑木の尾根を登ると林道に出るが、この先、平坦な尾根となり、林道を進むと**白滝観音《しらたきかんのん》分岐**に出る。さらに林道を進むと、清水の流れる井戸のある**林道終点**だ。

ここから美しいブナ林の中の480段を越す石段を登ると、杉大木が茂り社殿の建つ**御岳山**山頂である。743・7メートルの3等**三角点**は右へ400メートルほどの先にあり、真昼岳《だけ》方面が望まれる。

下山は往路を戻る。

Ⓑ黒森山　美郷町六郷から地方道12号（花巻大曲《はなまきおおまがり》線）に入り、関口《せきぐち》・荒川《あらかわ》集落先の潟尻《かたじり》ダムと「いこいの森」を経て峰越しの黒森峠へ。峠が**登山口**で、駐車場と案内板がある。

少し登ると、ブナの茂る緩い稜線となり、杉林に変わるとまもなく御岳山との**分岐**に着く。直進する道はのびやかに御岳山にいたる。右への道を進むと、西に張り出した台地状の1等三角点のある**黒森山**山頂だ。御岳山や横手盆地が一望でき、圧巻である。

下山は往路を戻る。

・84・2641）がある。

■**問合せ先**

横手市農林整備課☎0182・32・2114、美郷町商工観光交流課☎0187・84・4909、黒銀タクシー☎0187・82・1231、つばめタクシー☎0182・32・0654、美郷観光タクシー☎0187・82・1011

■**2万5000分ノ1地形図**

左草・金沢本町

横手市中南郷集落の頭上に鎮座する南郷岳。お隣堂は右手尾根の山頂直下にある

49 南郷岳

近年まで女人禁制が守られてきたふるさとの霊山

なんごうだけ
680・8m（3等三角点）

日帰り

歩行時間＝1時間30分
歩行距離＝2・8km

技術度 1/5
体力度 1/5

コース定数	=7
標高差	=306m
累積標高差	↗ 311m ↘ 311m

横手《よこて》市山内《さんない》地域の南部に位置する南郷岳は、周囲を山々で囲まれた南郷地区の頭上に鎮座している。古くから信仰の山として、山麓の人々の信仰が篤く、幽玄なる境内をもつ山頂部には、蔵王権現《ざおうごんげん》を祀る金峰山《きんぽうざん》神社がある。また、近年まで女人禁制の山でもあったが、昭和30年に県内では珍しい禁制を解く神事が行われている。

山頂への登拝道は、かつて4箇所ほどあったが、近年になって造林による林道の整備が進み、林道赤渕《あかぶち》線を利用してほぼ五合目まで車の利用が可能となったことから、中《なか》南郷からのコースが一般的となっている。

横手市街から国道107号を山内地域方面に入り、土渕《つちぶち》から右へ地方道40号を進んで中南郷集落に向かう。湯田《ゆだ》方面からは、黒沢《くろさわ》から県道320号南郷黒沢線を行くとよい。

集落にある学習交流センターの少し先にあるタバコ店の前から右の車道に入ると、すぐ左に集会所の三ツ屋《みや》会館がある。ここで車道は2つに分かれ、右の林道南郷岳線が入口となる。広い林道を進むと左前方に南郷岳の稜線が見え、林道が分岐する。分岐には大岩と道標があり、右へ進むと大平《おおひら》から

■**鉄道・バス**
公共交通機関の利用は不適。林道赤渕線の登山口へのタクシー（要予約）はJR北上線相野々駅から。

■**マイカー**
秋田道・湯沢横手道路横手ICから国道13号横手～国道107号山内土渕～地方道40号（横手東成瀬線）経由で中南郷へ。以下本文参照。

■**登山適期**
5月～11月上旬。5月5日の祭典以降、紅葉期までが適期。山頂周辺に咲き誇るユキツバキが見どころ。

■**アドバイス**
▽三ツ屋会館から駐車場まで約2・4キロの砂利道。
▽**大平・下南郷コース** 林道赤渕線入口を見送って進むと、南郷温泉共林荘からの林道との分岐に出る。ここが登山口で、小尾根を10分ほど登ると赤渕線の駐車場に着き、中南郷コースと合流する。なお、共林荘への林道を見送って進むと、カド石とよぶ刻印のある巨大な石がある。
▽地方道40号の横手市筏（いかだ）地区に県指定天然記念物の「筏の大杉」（県内一の巨杉）がある。
▽温泉は、山麓に南郷夢温泉共林荘（☎0182・53・2800）、あいのの温泉鶴ヶ池荘（☎0182・53・2131・休館中）がある。

■**問合せ先**
横手市山内地域局☎0182・53・

小広い草地に石碑が並ぶ南郷岳山頂。県南部を望む展望地だ

の道と交差し、平野沢《ひらのさわ》地区へ続く。

　分岐から左の林道赤渕線に入り、右手に砂防堰堤を見ながら登り坂を行く。この先、大平からのコースと合流する地点が駐車場のある**登山口**で、林道のさらに200㍍先が五合目の旧登山口となる。

　登山口から幅広い道が続き、アカマツやナラなどの樹間の尾根筋をしばらく登る。杉の老木が現れると、まもなく眼下に集落を望む**八合目・お隣堂《りんどう》**に着く。女人禁制の頃、女性はここを礼拝所にしたという。

　杉木立や狛犬などのあるお隣堂からは、360段を超す苔むした急な石段が山頂近くまで続く。登りきると斜面は緩くなり、ブナやユキツバキの群落の中の道となって、やがて大杉に囲まれて建つ金峰山神社に着く。

　神社を右に回りこむと、草地の台地に3等三角点と石碑の並ぶ**南郷岳**山頂である。北西方面が開け、展望に恵まれた山頂からは、横手市など県南部の平野部や出羽《でわ》・奥羽《おうう》の山並みなどが一望できる。

　下山は往路を戻る。

2934、つばめタクシー☎0182・32・0654、末広タクシー☎0182・32・0305
■2万5000分ノ1地形図　田子内

CHECK POINT

大きな岩のある林道赤渕線入口

大平コースが合流する登山口。少し先の林道終点が旧登山口

八合目・お隣堂。南郷地区が眼下に望まれる。この先は石段が続く

太い杉に囲まれて建つ金峰山神社

50

歴史ある鎮守の森を気軽に訪ねる

真人山・金峰山

日帰り

まとやま
きんぽうざん

390・4m（3等三角点）
450m

Ⓐ真人山　歩行時間＝1時間15分　歩行距離＝3・5km
Ⓑ金峰山　歩行時間＝55分　歩行距離＝1・0km

技術度（Ⓐ・Ⓑ）
体力度（Ⓐ・Ⓑ）

コース定数＝Ⓐ6 Ⓑ4

標高差＝Ⓐ248m Ⓑ156m

累積標高差　Ⓐ上り270m　下り270m
Ⓑ上り170m　下り170m

亀田地区からの真人山。左の山裾が桜の名所・真人公園

明沢集落の奥にある金峰山。どこから眺めても美しい三角錐だ

Ⓐ真人山　横手《よこて》市増田《ますだ》町市街地の東隣に位置し、古くから町のシンボルの山として親しまれている。西山麓一帯は桜の名所でもあり、かつて、リンゴ園を舞台にした映画『リンゴの歌』のロケ地となった真人公園がある。山名は、「麻当」「的」「真」などの当て字もあるが、前九年《ぜんくねん》ノ役《えき》で源《みなもとの》頼家《よりいえ》を助けた清原《きよはら》真《ま》人武則《ひとたけのり》の居城跡であったことに由来するという。

国道13号横手市十文字《じゅうもんじ》町から国道342号に入り、増田町真人地区に向かう。山裾には真人公園入口の看板が建ち、左へ進むとリンゴの碑や駐車地のある広場に着く。ここが**登山口**で、コンクリートや石の段が3箇所あり、いずれをとってもすぐ上の遊具場で合流する。右の段は三十三《さんじゅうさん》観音《かんのん》コースで、道沿いに石像が並んでいる。

遊具場を通って三十三観音を越すとつづら折りの登り坂となり、旧道との分岐に着く。この先、山腹を巻いて進むと、再度つづら折りの道となり、登りきると広場に出る。道は木段などでよく整備されており歩きやすい。

広場は、公園内にある真人温泉前からのびた林道の終点であり、アカマツの茂る一段高い西端に**三《さん》吉《きち》神社**がある。眺望は西側のみで、

■鉄道・バス
公共交通機関の利用は不適。登山口へのタクシー（要予約）はJR奥羽本線十文字駅（Ⓐ）または同線の醍醐駅下車（Ⓑ）。真人山山麓の国道を通る十文字駅からの羽後交通バスがあるが、便数が少ない。

■マイカー
湯沢横手道路十文字ICから国道13・342号経由で真人へ（Ⓐ）。または雄平東部広域農道（アップルロード）利用（Ⓑ）。以下本文参照。

■登山適期
4月下旬～11月上旬。真人公園の桜と金峰山のユキツバキの開花期が見どころ。真人山頂から眺める横手盆地の田園風景も格別。

■アドバイス
▽真人温泉前に大駐車場がある。
▽真人山頂への林道は、通称「自衛隊道路」とよばれる。北側の山腹を巻いて尾根に出、分岐を右へ進むと山頂広場にいたる。真人温泉前の入口から約3・5㌔の舗装道と砂利道。
▽金峰山頂への林道は、登山口まで2㌔ほどの舗装道。さらに進むと烏帽子長根山の「いこいの森」がある。
▽真人山と金峰山との中間に男亀森（335・8㍍）と女亀森がある。遊歩道があるが荒れている。
▽温泉は真人公園に真人温泉旅館（23年現在宿泊・入浴休止中）、金峰山入口に交流センターゆっぷる（☎

リンゴ畑が眼下に広がり、増田や十文字方面、その先に出羽《でわ》丘陵の山々が望まれる。

神社から山頂へは林道を行く。500メートルほど下った左手の無線塔跡地のやぶの中に3等三角点があり、**真人山**山頂である。

下山は、往路を**登山口**へ戻る。

Ⓑ金峰山　真人山の北に隣接する金峰山は、横手盆地のほぼ全域から遠望できる美しい三角錐の山容で、地元では「三角山」ともよばれる。山頂には三吉や蔵王権現《ざおうごんげん》を祀る神社が建ち、一帯にユキツバキとブナの群落があり、県の自然環境保全地域に指定されている。

金峰山へは、横手から増田に通じる広域農道のアップルロード沿いにある山裾の温泉「ゆっぷる」近くの沢口《さわぐち》神社脇から、明沢《あけざわ》ダムを経て「いこいの森」への林道を行く。ダムを越すと左側に駐車場があり、右側の杉林の中に建つコンクリート鳥居が**登山口**だ。杉林とブナ林を登り、ユキツバキ群落地を回りこんで登ると**金峰山**山頂である。樹木がさえぎり眺望はあまり期待できない。

下山は往路を戻る。

0182・25・3801）がある。

■**問合せ先**
横手市増田地域局☎0182・45・5515、秋南タクシー☎0182・42・0047、浅舞タクシー☎0182・24・0109、羽後交通（バス）☎0182・42・2031

■**2万5000分ノ1地形図**
十文字

CHECK POINT

Ⓐ真人山

リンゴの碑の前にある登山口。この手前にも駐車地と案内板の立つ登山口がある

三吉神社の眼下にはリンゴ畑と増田、十文字方面が望まれる

Ⓑ金峰山

コンクリート鳥居の建つ金峰山の登山口。すぐ先で作業道を右に見送る

ユキツバキ群落地を南に回りこんで登ると金峰山神社の社殿が建つ金峰山山頂だ

51 三森山

天下八方の眺望と往時の峠越えをしのぶ

日帰り

みつもりやま
1101・7m（2等三角点）

歩行時間＝2時間10分
歩行距離＝3・5km

技術度
体力度

コース定数＝9	
標高差＝349m	
累積標高差	↗403m
	↘403m

横手市黒沢地区から望む天下八方の異名をとる三森山（左端）。右は甲森

（右）主稜線への登りは、木段が整備されたつづら折りの急斜面が連続する
（左）登山口のすぐ先にあるあずまやからの三森山（左端が山頂）

秋田と岩手の県境上にまたがる三森山は、焼石《やけいし》山系の北端に位置する1000メートル峰のひとつで、横《よこ》手《て》方面から国道107号を山内《さんない》地域の黒沢《くろさわ》地区に入ると、南東にひときわ高く左に急な稜線を流す山容を見せる。山頂からは、山麓や焼石連峰などがとくに美しく望まれることから、古くから八方嶺《はっぽうれい》（天《てん》下《か》八方）の異名をもっている。

北山麓一帯は、かつては広大なブナ地帯であったが、杉造林地として長い間開発されてきた。それに併って林道は年々延長され、アプローチも短かくなり、平成10年には登山道が再整備されて、一般登山者も楽しめる山となった。

三森山へは黒沢地区の国道から、上《かみ》黒沢集落先の堂《どう》の上《かみ》を経て林道三森山線に入る。杉林が広が

■鉄道・バス
往路・復路＝公共交通機関の利用は不適。林道三森山線の登山口へのタクシー（要予約）はJR北上線黒沢駅から。
■マイカー
秋田道・湯沢横手道路横手ICまたは秋田道湯田ICから国道107号経由で黒沢へ。以下本文参照。
■登山適期
6～10月。ブナ林と雑木林の新緑期、山頂から山麓まで紅葉前線が移動する秋が適期。
■アドバイス
▽国道107号黒沢地区から三森山登山口まで10キロほど。途中3箇所ほど分岐がある。堂の上からは砂利道。林道白木峠線（コラム参照）とも事前に当該自治体に通行できるか確認しておいたほうがよい。
▽コースの一部にやぶがかぶっている時期もあり、当該自治体への確認を要する。
▽道の駅「さんない」近くにあるあいの温泉鶴ヶ池荘は2023年11月現在休館中。
■問合せ先
横手市山内地域局☎0182・53・2934、つばめタクシー☎0182・32・0654、末広タクシー☎0182・32・0305
■2万5000分ノ1地形図
三界山

り、さらに進むと749メートル地点を経て山頂直下に近づき、案内板のある**登山口**に着く。

　登山口のすぐ先にあるあずまやから、杉林の中の小沢を巻いて進むと、2つ目の**あずまや**があり、この先はブナ林となってすぐ五合目へ、木段で整備されたつづら折りの急斜面が連続する。

　やがて「山頂まで3百米」の看板（腐朽）が現れると、すぐ県境上の**主稜線**に飛び出し、左の平坦なササの茂る道を進むと九合目。すぐに2等三角点のある**三森山**山頂である。

　下山は往路を戻る。

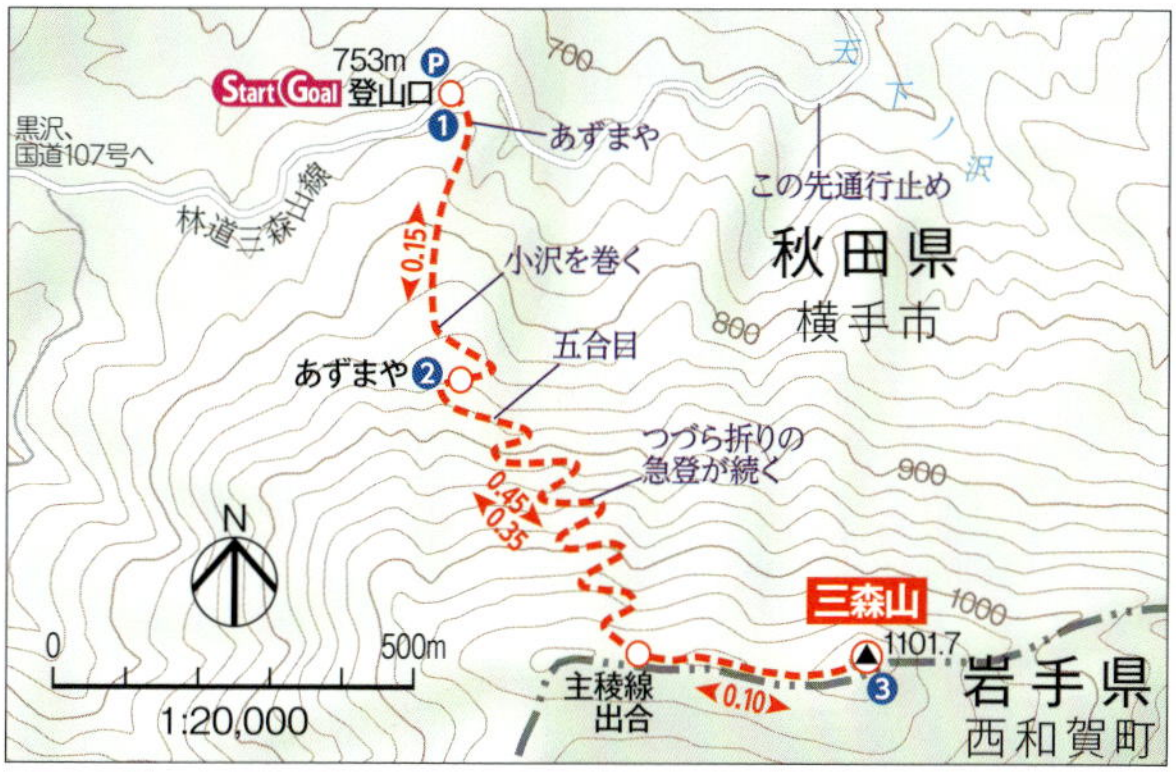

CHECK POINT

案内板と標柱の立つ三森山登山口。作業道の先にあずまやがある

小沢を巻いて進むと2つ目のあずまやがあり、ブナ林の急登となる

ベンチがあり、眺望抜群の三森山山頂

—近くにある山— 白《しろ》木《き》峠《とうげ》 601.1m（3等三角点）

平安時代初期、坂上田村麻呂（さかのうえのたむらまろ）の頃から、交易の道として歩かれるようになり、前九年の役には安倍貞任を追って源義家が越えたとされる峠が白木峠である。藩政時代になると、秋田県側、岩手県側とも、峠越の入口にご番所が置かれ、陸羽の重要な交易路としてにぎわったという。

　白木峠へは横手市小松川（こまつがわ）地区にある国道107号の待避所から入り、白木峠を経て下黒沢地区にいたる林道白木峠線を利用する。

　集落の小松川会館前を通り、途中にある五輪塔（弘化2年、お伊勢参りの途中で吹雪により遭難した一行6名の供養塔）を越すとまもなく駐車場のある登山口に着く。

　登山口から左へ分岐した林道を少し進むと、右手の尾根筋に歩道があり、登ると芝生一面に標柱の立つ白木峠山頂である。山頂からは三森山や焼石連峰、岩手側の西和賀町白木野方面の展望が広がる。

登山口（20分）白木峠。

　岩手側の白木野からユキツバキやミズバショウ群生地を通り山頂にいたるコースもある。

登山口（1時間）白木峠。

芝生が広がる白木峠。黒沢川の対岸に三森山や焼石連峰が望まれる

52

日帰り

牧歌的な天上の楽園を訪ねる

焼石岳・南本内岳

やけいしだけ 1547.3m（1等三角点）
みなみほんないだけ 1492m（最高地点）

歩行時間＝7時間5分
歩行距離＝13.4km

技術度 ▲▲△△△　体力度 ♥♥♡♡♡

コース定数＝27
標高差＝615m
累積標高差 ↗964m ↘964m

焼石沼に広がるシナノキンバイのお花畑。西焼石岳（右）の左奥に焼石岳山頂がわずかに望まれる（写真＝高橋政彦）

秋田と岩手の県境より、岩手側に少し離れてそびえる焼石岳は、栗駒山《くりこまやま》を中心とした栗駒国定公園の北部に位置する夏油《げとう》火山・焼石山群の主峰である。焼石山群は、東に経塚山《きょうづかやま》や水沢駒《みずさわこま》ヶ岳《がたけ》、西に三界山《さんがいさん》や大森山《おおもりやま》、北に牛形山《うしがたやま》、南に獅子《しし》ヶ鼻《がはな》岳《だけ》など、標高1100メートル以上の山々を連ねる。この火山列の接点にあたるところに焼石岳がある。広い高原状の山頂部は、緩やかな円頂型を形どり、周辺には美しい沼と広大な草原や湿原を抱き、多彩な高山植物が群生する一大山岳公園を形成している。

山頂へのコースは5つほどあるが、ここでは秋田側から唯一の東成瀬《ひがしなるせ》村からのコースを紹介しよう。

岩井川《いわいかわ》地区から国道397号を7キロほど行くと、左に焼石岳への横《よこ》林道入口がある。さらに3キロほど進むと、駐車場のある三合目・横林道の**登山口**に着く。

登山口から杉木立を登っていくと県境上に出るが、ここは大森山トンネルコースとの**分岐点**である。この先、ブナの茂る大森山南斜面の四合目・大森沢を通って、三界山や焼石連山が広がる眺望のよい**五合目・釈迦懺悔《しゃかざんげ》**の小峰にいたる。右手側には巻道もある。

ここから少し先の黒《くろ》カッチを越すと、稜線沿いの緩い道は下りとなり、やがて胆沢《いさわ》川源流を2度徒渉して、**六合目・与治兵衛《よじべえ》**に着く。

六合目から胆沢川を徒渉すると緩い登りとなり、やがて湿原の**七合**

■**鉄道・バス**
往路・復路＝公共交通機関の利用は不適。起点の横林道登山口へのタクシーはJR奥羽本線十文字駅から。

■**マイカー**
湯沢横手道路十文字ICから国道13・342・397号を経由し、横林道入口へ。3キロ先に駐車場・登山口がある。

■**登山適期**
6～10月。広大な湿原にくり広げる、開花期の高山植物群落が圧巻。新緑が残雪に映える季節、紅葉が山肌を錦に彩る季節もよい。

■**アドバイス**
▽横林道入口から少し先の右側にトイレがある。
▽胆沢川の徒渉は3箇所あるが、増水時は要注意。
▽温泉は、岩井川になるせ温泉東仙歩（☎0182・47・3181）、ジュネス栗駒スキー場にやまゆり温泉ホテルブラン（☎0182・47・3104）がある。

■**問合せ先**
東成瀬村企画課☎0182・47・3402、秋南タクシー☎0182・42・0047

■**2万5000分ノ1地形図**
焼石岳・三界山

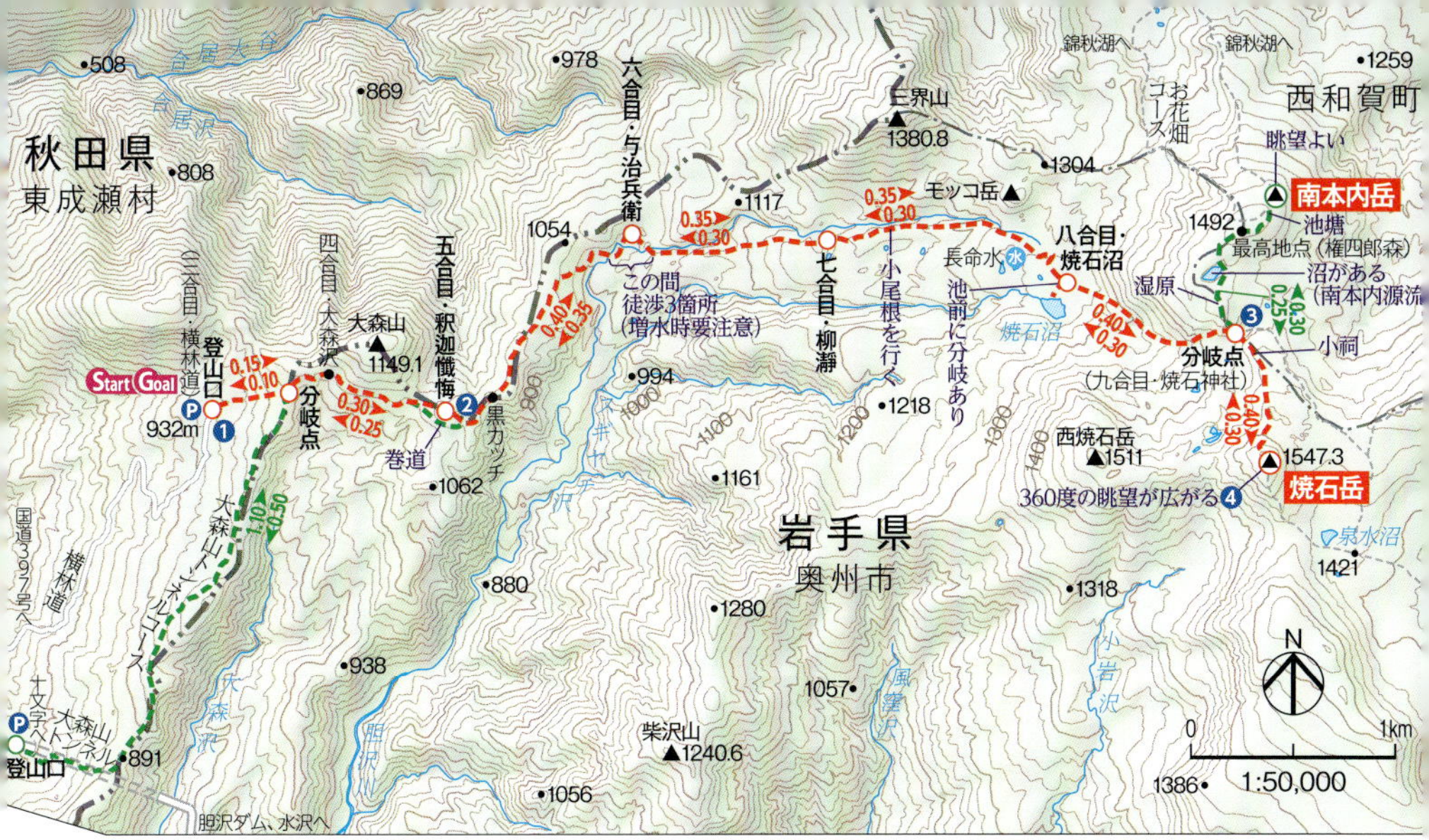

目・柳瀞《やなぎとろ》に着く。この先灌木帯の緩い小尾根を行くと広大な草原に出る。ほどよい休憩地のある**八合目・焼石沼**はすぐ目の前で、少し手前に長命《ちょうめい》水がある。

焼石沼の分岐点から左へ進むと眺望のよい登り坂となり、九合目・焼石神社の**分岐点**に着く。直進する道は経塚山方面への縦走コース。左の道は南本内岳への道だ（「サブコース」参照）。

ここから右手の岩石の道を登ると焼石神社の小祠があり、この先、岩石の散らばる広い稜線となる。さらに進んで急坂を登りきると1等三角点のある**焼石岳**山頂だ。

山頂からの眺望は雄大であり、東に連なる天竺山《てんじくやま》や経塚山、南に栗駒の山々、そして対岸に懸崖の三界山などが一望できる。

下山は往路を戻る。

■サブコース・南本内岳

九合目・焼石神社の**分岐点**から左へ湿原と沼を越して登ると、南本内岳最高地点の権四郎森《ごんしろうもり》に着く。この先池塘を進むと眺望のよい**南本内岳**山頂だ。

南本内岳山頂近くの湿原を行く（サブコース）

CHECK POINT

三合目・横林道。駐車場の奥に登山口がある

五合目の釈迦懺悔。後方は三界山、南本内岳、西焼石岳（左から）

九合目・焼石神社の分岐点から焼石岳山頂（右）を望む。中央の岩石の中に焼石神社が祀られている

360度の大眺望が楽しめる焼石岳山頂

53

居館跡が多い古里を山頂から味わう鎮守の森

雄長子内岳

おちょうしないだけ
469・8m（4等三角点）

日帰り

歩行時間＝2時間20分
歩行距離＝3・0km

技術度 1/5
体力度 1/5

コース定数＝9
標高差＝310m
累積標高差 ↗325m ↘325m

県南部の湯沢《ゆざわ》市稲川《いなかわ》地区を貫く国道398号を、川連《かわつら》から稲庭《いなにわ》方面に向かって進むと、すぐ先の三《みつ》梨《なし》地区右手の皆瀬《みなせ》川方向に、荒々しい岩肌を見せるピラミッド型の美しい小さな山が望まれる。これが雄長子内岳で、その右隣に同じ形で寄り添う雌《め》長子内岳が並んでいる。山頂には石祠が祀られ、直下の山里を見下ろすさまは、まさに鎮守の森にふさわしく、山里の信仰を篤くしている。かつては、「源慶山《げんけいさん》」「長子内岳」などとよばれていたが、相対する意味から「雄」「雌」に命名されたという。

雄長子内岳へは、横手《よこて》市増田《ますだ》から県道108号（川連増田平鹿《ひらか》線）か、湯沢市街から国道398号を山谷トンネルを経て三梨地区に入る。こまち農協東部総合支所から右の車道を行き、皆瀬川の橋を渡って宮田《みやた》集落へ進む。

集落に入ると克雪管理センターがあり、その前から山頂に向かって農道を進むと、山裾の民家の脇に建つ赤い鳥居が眼につく。ここ

↑三梨地区から望む雄雌相対の雄長子内岳（左）と雌長子内岳。奥の三本槍山とともにかつて三山掛けが行われていたという

山頂から三梨、稲庭方面を望む（中央は大森山、右奥は栗駒山）。周辺には居館跡が多い

■鉄道・バス
往路・復路＝公共交通機関の利用は不適。登山口へのタクシーはJR奥羽本線の湯沢駅または十文字駅から。

■マイカー
湯沢横手道路十文字ICから国道13号～県道108号、または湯沢ICから国道398号で三梨地区へ。以下本文参照。

■登山適期
5月～11月上旬。樹木が芽吹き、青田の広がる頃、稲穂が黄金色に輝く豊穣の頃が良好。

■アドバイス
▽車は鳥居付近に停められるが、民家の承諾を得ること。

赤い鳥居と三吉神社が建つ登山口。駐車地もあるが、民家の承諾を得たい

▽**雌長子内岳**（453㍍）羽竜集落の果樹園に入り、小橋を渡って沢沿いの杉林の道を進んで小尾根を登る。この先は石仏を祀る山頂まで急斜面が続く。山頂への道は荒れている。果樹園から所要1時間。

▽近くに奇岩が連続する奥宮山（760㍍）、眺望抜群の国見岳（587

CHECK POINT

登山口をあとに畑地を通り、その先で伐採地に入って作業道を進む

▼

作業道を進んだ先にヘアピンカーブの分岐点がある。右方向へ進む

▼

鞍部から少し行くと、アカマツの茂る急登となる。奥に山頂が望まれる

▼

急登が終わると平坦になり、眼下に田園地帯を見て山頂へ。右奥に焼石連峰が望まれる

▼

眺望のよい雄長子内岳の山頂。傍らにある三吉神社は平成29年に解体

が**登山口**で、平成19年に山頂から移築された三吉《さんきち》神社がある。

登山口から畑地の中の狭い林道を進むと、明るく広い杉伐採地に出る。この先、直進の作業道を進むとヘアピンカーブの**分岐点**にいたり、右へ杉林の中の小沢の道を登るとやがて雑木林の急坂となる。登りきると尾根上の**鞍部**に出る。ここからアカマツの茂る急な尾根を登るが、露岩もあり、足もとに気をつけたい。眼下に集落を望み、小山ながらも高度感を味わえる。

勾配が緩くなるとアカマツの茂る前方に山頂が見えてきて、まもなく太平山《たいへいざん》の分霊社・三吉神社があった**雄長子内岳**山頂である。4等三角点のある山頂からは、稲川地域のほぼ全域が見わたせ、中世の豪族・小野寺《おのでら》氏の居城址に復元された今昔館《こんじゃくかん》がひときわ目立ち、背後には雌長子内岳や東鳥海山《ひがしちょうかいさん》などが望まれる。

下山は往路を**登山口**に戻る。

メートル）、鎮守の森の大森山（704メートル）がある。

▽温泉は国道398号山谷トンネル近くに老人福祉センター緑風荘（☎0183・42・2310）がある。

■問合せ先

湯沢市稲川生涯学習センター☎0183・42・5816、湯沢タクシー☎0183・73・2151、新生タクシー☎0183・73・3171、秋南タクシー☎0182・42・0047

■2万5000分ノ1地形図

稲庭

54 伝説に包まれ、神秘性に富んだふるさとの霊山

東鳥海山

ひがしちょうかいさん
777・3m（2等三角点）

日帰り

歩行時間＝3時間40分
歩行距離＝6・0㎞

技術度 ▲△△△△
体力度 ♥♡♡♡♡

コース定数＝15	
標高差＝603m	
累積標高差	↗605m ↘605m

←湯沢市相川地区から望む長姉の風格をもつ東鳥海山。山裾に東鳥海山神社里宮がある

←山頂手前にある東鳥海山神社奥宮

湯沢《ゆざわ》市街の南に鎮座する東鳥海山はかつて雄鬼骨山《おしこほねさん》ともよばれ、国道13号沿いの上関《かみせき》と相川《あいかわ》地区のすぐ頭上にある。県南部に位置する鳥海山と神室山《かむろさん》とで三姉妹とよばれ、最も小柄なこの山が長姉だとの伝えがある。山名は、南側の相川地区方面から眺める山姿が鳥海山に似ているとか、山頂に「鳥《とり》ノ海《うみ》」とよぶ窪地があることなどに由来するという。山頂には鳥海権現《ごんげん》を祀る東鳥海山神社奥宮《おくみや》が鎮座しており、地元では「相川の権現山」とよんで信仰を集めている。また、昭和初期頃まで女人禁制の山でもあった。

湯沢市街の国道13号から旧国道の県道279号に入り、すぐフルーツラインに入るか、または国道13号新木野《あらきの》バス停跡（大鳥居のすぐ南）から入り、新木野集落を経てフルーツラインに出て、田畑《たばた》集落からの林道を行く。林道入口には「東鳥海山参道入口」の標柱がある。

果樹園の中の林道を進むと二《に》ノ

■鉄道・バス
往路・復路＝登山口へのタクシーはJR奥羽本線湯沢駅から。徒歩の場合はJR奥羽本線三関駅下車。登山口へ徒歩約40分。

■マイカー
湯沢横手道路須川ICから国道13号経由で上関へ。以下本文参照。

■登山適期
5月中旬～11月上旬。奥宮の境内に茂るブナ林の新緑期。また、周辺の里山が紅黄に染まる紅葉期は格別。

■アドバイス
▽林道入口から二ノ鳥居・登山口まで600メートルほどの舗装道。
▽関口地区から山頂方面へのかつての関口コース上に林道がのびており、長年の間荒れていたが、平成29年秋から通行可能となった。ただし当該自治体に状況確認が必要。
▽山頂近くにある日向の清水（分岐点から280メートルほど）は、平成28年に整備。翌年には山頂広場にあずまやが新設された。
▽かつての麓、上関、宇留院内からのコースは廃道。
▽温泉は湯沢市街にゆざわ温泉（☎0183・73・0135）、湯ノ原温泉（☎0183・73・2062）。

■問合せ先
湯沢市須川地区センター☎0183・79・2111、新生タクシー☎0183・73・3171、湯沢タクシ

鳥居があり、東鳥海山神社里宮《さとみや》からの参道（中山《なかやま》コース）と交わる。ここが**登山口**で、林道は二分する。右はすぐ先に大きな水槽が建ち、駐車場がある。

　左は山頂への道で、橋を渡ると砂利道となる。砂防堰堤を越して進むとまた橋があり（旧登山口）、杉林の中の荒れた林道をさらに進むと旧駐車地の林道終点で、すぐ先で**林業公社の標柱**に着く。

　ここから右斜面の登りとなり、杉林の広い歩道を登っていくと、やがてつづら折りの急坂が続き、登りきると尾根筋に出る。まもなく小祠が現れ、さらに登ると広場に建つ**福田《ふくだ》神社**に着く。神社のすぐ裏に関口《せきぐち》から山頂にいたる林道がのびており、ここから少し長いが利用もできる。

　杉並木の参道を、苔むした石段を登りつめ、山門をくぐると広場に建つ**東鳥海山神社奥宮**に着く。杉やブナなどの茂る境内は神々しさが漂い、社殿の裏手で林道の末端につながる。ここから右に平成28年に整備された日向《ひなた》の清水《しみず》への道があり、左下にはブナ林に囲まれた小さな沼の鳥ノ海もある。

　林道はすぐ先で関口からの林道と合流する。この先、右へ続く林道を400㍍ほど行くと終点となり、2等三角点がある**東鳥海山**山頂である。山頂からは湯沢方面を望むことができる。

　下山は往路を戻る。

ー☎0183・73・2612
■2万5000分ノ1地形図
稲庭・湯沢

CHECK POINT

1 大きな水槽のある二ノ鳥居・登山口（トイレはない）。右の太い杉の脇に鳥居が建ち、正面に砂防堰堤が見える

2 旧林道終点のすぐ先に立つ公社林の標柱。この先は急登が続く

3 広場に建つ福田神社。すぐ裏に林道がのび、右手前に参道がある

4 林道の終点が東鳥海山の山頂で、脇に2等三角点がある。眼下には湯沢市街などが見わたせる

55

登山界に知られず、ひっそりとそびえる陸奥《みちのく》の秘峰

東山（上東山）

とうざん（かみとうざん）
1116m

日帰り

歩行時間＝3時間25分
歩行距離＝5・5km

技術度

体力度

コース定数	＝14
標高差	＝525m
累積標高差	↗ 560m ↘ 560m

椿川の休憩所（ビューポイント栗駒）からの上東山（中央）と下東山（左）

秋田と岩手の両県にまたがる東山は、北栗駒《きたくりこま》山群の北端に位置し、東成瀬《ひがしなるせ》村椿川《つばきがわ》地区の東方にひときわ高くそびえている。山頂は三角点のある下《しも》東山と、山頂とみなす上東山の2つの峰からなり、山頂周辺はともにササ原と灌木帯で、低山ながらも高山の雰囲気を醸し出している。また、山腹のブナ林は特定植物群落に指定されている。

東山の古名は「東山森《どやもり》」、つまり2つの峰を仲間（ドヤク）に見立てたことと、東方にあることに由来するという。一帯は古くから山麓の人々の生活色の濃い領域で、一般登山者に登られるようになったのは平成に入ってからである。

登山口へは椿川地区天江《てんごう》集落のNTT蓄電池設備から入り、途中からアンテナ塔跡地までの狭い砂利の林道を利用する。林道終点は三合目・石山《いしやま》で、やや広い駐車場がある。

登山口から稜線直下の巻道を進んで急坂を登り、少し下ってまた急坂を登り返すと四合目・ミアテ（官山境）で、ここから緩い登りとなって、すぐ見晴らしのよい**イチゴ峠**に立つ。この先五合目・五本ブナを経て南斜面を巻いていくと、上東山の見える六合目・ションベンシバに着く。ここから北斜面を巻く平坦な道を左手に上東山を眺めながらいくと、県境上の**七合目・オレト**にいたる。ほどよい休み

■**鉄道・バス** 公共交通機関の利用は不適（国道上の天江バス停へ羽後交通バスがあるが便数が少ない）。登山口へのタクシーはJR奥羽本線十文字駅から。

■**マイカー** 湯沢横手道路十文字ICから国道13・342号で東成瀬村椿川地区の天江集落へ。ここで林道に入って登山口へ。

■**登山適期** 6～10月。ブナや雑木林の紅・黄色に染まる紅葉期は格別。刈払いの状況（七合目から山頂）によっては、盛夏は避けた方がよい。

■**アドバイス** ▽林道入口から終点の登山口まで約2・4㌔。途中の駐車地のある林道分岐から終点までの1・4㌔は道幅が狭くすれ違いに注意。

▽平成13年の整備時に設置された標示板は老朽・破損している。

▽七合目～山頂間は刈払いの状況を当該自治体に要問合せ。

▽2等三角点のある下東山への道はなく、ササと灌木帯のやぶ漕ぎが強要される。

▽温泉は、岩井川のなるせ温泉東仙歩（☎0182・47・3181）、ジュネス栗駒スキー場のホテルブラン（☎0182・47・3104）がある。

■**問合せ先**

CHECK POINT

1 国道沿いのNTT蓄電池設備が林道の入口。少し先の分岐は右に進む

2 林道終点にある駐車場。登山口はすぐそばにある

3 七合目・オレト。ここからコースはササ地帯を北進する。正面に山頂が見える

4 360度パノラマの上東山山頂。左は下東山、奥は焼石連峰

場でもある。直進するやぶの道は八蔵森《はっぞうもり》方面へ。左の道は真正面に上東山を望みながら山頂に向かう。

七合目から下りとなり、すぐに八合目・カッチ（橋場沢）だ。一帯は灌木とササ原で、この先は明るい斜面の登りとなる。しだいに斜度が増し、ガレ場を注意しながら越してひと登りすると、主三角点のある山頂の肩に出る。ここから東へ、明るい狭い稜線を少し進むと**上東山**山頂である。

八合目・カッチからひっそりとそびえる上東山を望む。この先は急登が続く

狭い山頂からの360度の眺望は圧巻であり、すぐ北隣に下東山が迫り、焼石《やけいし》連峰をはじめ、栗駒山へ続く北栗駒の山々、高松岳《たかまつだけ》、虎毛山《とらげさん》などが眺望される。

下山は往路を引き返す。

東成瀬村企画課☎0182・47・3402、羽後交通湯沢営業所（バス）☎0183・73・1153、秋南タクシー☎0182・42・0047

■2万5000分ノ1地形図　焼石岳・椿台

56

山伏岳

名湯をベースに、みちのくの静かな山旅を味わう

やまぶしだけ
1315.0m（2等三角点）

日帰り

歩行時間＝3時間20分
歩行距離＝4.4km

技術度

体力度

コース定数＝17

標高差＝555m

累積標高差 ↗685m ↘685m

↑高松岳西側の尾根からの山伏岳。左手前は1261メートル峰、後方は鳥海山

←山頂直下からの屏風岳（左）とジャンダルム（その右手前）。遠方は神室山方面

山伏岳は栗駒《くりこま》国定公園の北部に属し、主峰の高松岳《たかまつだけ》や小安岳《おやすだけ》などとともにひとつの山塊を形成し、泥湯《どろゆ》三山として親しまれている。その山名は、山頂近くに山伏の修験場があったことに由来するという。湯沢《ゆざわ》市の国道13号を南下していくと、左前方に比較的緩やかな山並みの山伏岳が遠望される。山麓に小安や秋《あき》の宮《みや》など、県内有数の温泉郷を抱き、とくに山伏岳の北直下には泥湯のひなびた温泉があり、登山者によきベースを提供してくれる。また、北山麓には木《き》地山《じやま》高原と、地獄三大霊場の名残をもつ川原毛《かわらげ》地獄などの名勝地がある。

秋の宮温泉郷のひとつ・稲住《いなずみ》温泉入口すぐ西隣りの十字路から湯《ゆ》ノ岱《たい》小学校跡地前の市道を矢地《やち》ノ沢《さわ》集落に向かうと、左側に荒場《あらば》沢《さわ》林道の入口があり、道標が立っている。左方向にのびる林道を走り、小沢を渡ると林道が二分する。右への温沢林道の入口には道標が立ち、これを目印に進むとやがて広場に出る。ここが旧登山口で、駐車場や登山届箱がある。この先、杉の伐採で明るくなった斜面を進むと林道の終点に出るが、ここが高倉沢《たかくらざわ》コースの**登山口**となる。

登山口から杉林の中の緩やかな道となり、この先、カラマツと杉林を抜けると太いブナ林となって、**ブドウ平**に着く。

ブドウ平から少し登ると道は急斜面の登りとなり、直登していくとやがて**屏風《びょうぶ》のコル**に出る。ここから右へ稜線上を行く道は眺望抜群の屏風岳へと続いていたが、廃

■鉄道・バス
往路・復路＝公共交通機関の利用は不適。高倉沢の登山口へのタクシーはJR奥羽本線横堀駅から。
■マイカー
湯沢横手道路雄勝こまちICから国道108号経由、秋の宮温泉郷から矢

道となっている。
屏風のコルから小峰のジャンダルムを急登すると、目指す山伏岳の山頂が、高松岳とともに望まれる。この先、やせた尾根をたどっていき、眺望の開けた明るい尾根筋を虎毛山《とらげさん》方面を望みながら登ると、やがて標柱の立つ**山伏岳**山頂に着く。

南西側が大きく開けた山頂からは、栗駒山や虎毛山、神室山《かむろさん》など周辺の山々をはじめ、日本百名山の鳥海山《ちょうかいさん》や月山《がっさん》の雄大な眺めが広がっている。

下山は、往路を**登山口**へと戻っていく。

CHECK POINT

駐車場と登山届箱がある旧登山口

ブドウ平付近のブナ林帯を行く。この先は急登が続く

ジャンダルム北側からの山伏岳。山頂へは正面の尾根筋を登っていく

眺望の広がる山伏岳山頂。神室山～虎毛山にかけての展望台だ

地ノ沢集落方面へ。十字路・荒場沢林道入口から登山口まで2・9㌔ほどの砂利道。

■登山適期
6～10月。ブナ林の映る新緑期、山頂一帯と渓谷、とくに屏風岳の岩壁を彩る紅・黄葉は格別。

■アドバイス
▽**高松岳への縦走路** 山頂すぐ先の分岐点から東へ下ると岩室があり、鞍部を越して草地で眺望のよい1261㍍峰へ。この先、水場のある鞍部を越して広い灌木帯の稜線を登ると避難小屋に出る。右折すると高松岳山頂だ（1時間30分）。
▽**川原毛口** 泥湯から峰越の車道1・5㌔先に登山口がある。杉やカラマツ、ブナの緩い稜線を登ると灌木帯の緩やかな斜面が広がり、山伏岳山頂へ（1時間30分）。
▽高倉沢旧登山口の先は杉伐採地で、林道が荒れている時は通行止めをする時期もある。通行の際は当該自治体への問合せした方が無難。
▽温泉は秋の宮温泉郷（☎0183・55・8180）などがある。

■問合せ先
湯沢市観光ジオパーク推進課☎0183・55・8180、仙秋タクシー☎0183・52・2055

■2万5000分ノ1地形図
秋ノ宮

57

秘湯を起点に静寂な山並みの景観を楽しむ

高松岳・小安岳

たかまつだけ　1348m
おやすだけ　1301m

日帰り

歩行時間＝6時間
歩行距離＝11・0㎞

技術度
体力度

コース定数＝25
標高差＝633m
累積標高差　↗1040m　↘1040m

石神山分岐付近からの高松岳。左は小祠のある山頂、中央やや右の高みは最高地の1348㍍峰

秋田県東南端にある高松岳は、栗駒《くりこま》国定公園の北部に属し、隣接する山伏岳《やまぶしだけ》や小安岳などを傘下にひとつの山塊を形成し、泥湯《どろゆ》三山として親しまれている。山容はなだらかであるが、地質が凝灰《ぎょうかい》岩のため浸食が著しく、峻険な渓谷をつくりだしている。山名は麓の高松郷に由来するとされ、かつては「焼山《やけやま》」ともよばれていたという。

小祠と標柱がある高松岳山頂。東方に栗駒山が望まれる

山麓には小安や秋《あき》の宮《みや》の温泉郷、泥湯のひなびた温泉を抱き、木地山《きじやま》こけしの里で知られる木地山高原には桁倉《けたくら》沼やコケ沼などの景勝地もあり、レクリエーションの場として利用者も多い。

泥湯温泉を通り抜けると、左に駐車場、すぐ先に案内板の立つ高松岳への泥湯コース**登山口**がある。

登山口から高松川の堰堤を見下ろしながら、急斜面を巻いていく。この先、太いブナの茂る道となり、前方に湯煙が見えてくると、まもなく沢中で熱湯を吹く**新《しん》湯**に着く。

小沢を横切り、ブナ林の山腹を行くとすぐ小尾根に出る。やがて急な尾根筋の道となって、しだいに尾根からはずれ、山腹の巻道となる。この先、うっそうと茂るブナ林を透して、ときおり姿を現す高松岳を望みながら進むと、ロープの張られた**露岩**に出る。

この先、水涸れの小沢を越して

■鉄道・バス
往路・復路＝公共交通機関の利用は不適。泥湯温泉の登山口へのタクシーはＪＲ奥羽本線湯沢駅または同横堀駅下車。湯沢市の予約制乗合タクシー（泥湯線）は便数が少ない。

■マイカー
湯沢横手道路三関ICまたは雄勝こまちICから国道13号、地方道51号（湯沢栗駒公園線）、または湯沢ICから国道398号、地方道51号、県道310号経由で泥湯温泉の登山口へ。

■登山適期
6〜10月。山腹に織りなすブナ林の新緑と紅葉期、山頂周辺にくり広げる紅葉期。秘湯と景勝地を併せて楽しめる。

■アドバイス
▽**湯ノ又口**　秋の宮温泉郷最奥・湯ノ又温泉（廃家）入口すぐ先の林道に登山口がある。杉林の林道を進むと廃杭があり、すぐ先で水場に着く。この先、つづら折りのブナ林の急斜面と尾根筋を登って山頂にいたるが、道は荒れている（2時間30分）。
▽山伏岳への縦走路は124㌻「山伏岳」参照。山頂から南に続く虎毛山への縦走路は廃道に近い。
▽温泉は、泥湯温泉に小椋旅館（☎0183・79・3035）、奥山旅館（☎0183・79・3021）がある。

■問合せ先

いくと、やがて小安岳西斜面を巻くようになり、ブナ林が終わると急に明るくなる。ここから急斜面を登って横切ると、すぐ先に清水の湧く最後の水場があり、少し登ると主稜線上の**小安岳分岐**に着く。左へ行くと高松岳や山伏岳が眺望される**小安岳**山頂だ。

分岐に戻り、広いササ原の主稜線を進む。小峰の右側を通るとすぐ**石神山《いしがみやま》分岐**に着く。ここから西に角度を変えて進むと高山風となり、右に小安岳、左に虎毛山《とらげさん》、前方に高松岳を眺めながら、やせた稜線を登り、2つの小峰を越すと、まもなく眺望のよい**避難小屋**に着く。ここが最高地で、南へササ原の平坦な道を少し進むと、南側の眺望が足もとから大きく開け、栗駒、虎毛、神室《かむろ》の山々をはじめ、鳥海山《ちょうかいさん》、月山《がっさん》などの雄大な眺めが広がる**高松岳**山頂である。小祠が祀られ、湯ノ又コース、虎毛山からの縦走コースが合流している。

下山は往路を戻る。

湯沢市観光ジオパーク推進課☎0183・55・8180、湯沢タクシー☎0183・73・2612、小安タクシー☎0183・47・5154、湯沢市乗合タクシー☎0183・72・3291（仙秋タクシー）

■2万5000分ノ1地形図
秋ノ宮・桂沢

CHECK POINT

1 泥湯温泉の登山口。案内板や硫化水素ガスの注意看板が立っている

2 ロープのある露岩をトラバースして進むと、小安岳直下を巻く道となる

3 眺望が広がる小安岳山頂。正面に高松岳や山伏岳、西方に鳥海山が見える

4 石神山分岐。石神山へのコースは廃道に近い

58 頂に雲上の楽園を抱く深山を訪ねる

虎毛山

とらげさん

1432・7m（2等三角点）

日帰り

歩行時間＝5時間40分

歩行距離＝13・0km

技術度

体力度

コース定数＝26

標高差＝923m

累積標高差 1140m 1140m

高松岳への縦走路からどっしりとした虎毛山（右）とピラミッド型の難峰・前森山を望む

山頂の南東側に広がる湿原（奥は栗駒山）。池塘に映える山姿は格別だ

虎毛山は栗駒《くりこま》国定公園のほぼ中央部、秋田と宮城の県境近くに位置している。その山姿は周辺の山々に比べるとひときわ目立つ大きなドーム型で、山麓には秋《あき》の宮《みや》温泉郷がある。「虎毛」の名は、山腹のいく条かの沢が縦縞の模様に見え、これを虎の毛に見立てたことに由来するという。山腹一帯は、ブナや桧などが茂り懐が深く、みちのくの神秘性ある山のひとつとして、また、干支の山として「虎」の字のつく山では日本一高く、近年注目されてきた山でもある。

広い山頂には避難小屋が建ち、南東側には高層湿原が緩い傾斜で広がっている。この湿原は特定の植物群落地として保護されており、栗駒山《やま》の美しい山姿を映しだす池塘も点在しているなど、まさに雲上の楽園となっている。

秋の宮温泉郷から国道108号（仙秋《せんしゅう》サンライン）を4㌔ほど行くと、「虎毛山登山口」の標柱が立つ鋪装された林道の入口があり、さらに2㌔ほど進むと赤倉《あかくら》林道の入口に着く。この先、赤倉橋の下を通って1㌔ほど進んで、登山届箱のある駐車場が**登山口**となる。

■鉄道・バス

往路・復路＝公共交通機関の利用は不適。赤倉林道終点の登山口へのタクシーはJR奥羽本線横堀駅から。

■マイカー

湯沢横手道路雄勝こまちICから国道108号経由で秋の宮温泉郷へ、湯ノ岱林道を経て赤倉林道（砂利道）に入り、1・2㌔先が登山口。

■登山適期

6～10月。山頂部の湿原や池塘周辺にヒナザクラやチングルマが咲き誇る初夏、湿原が黄金色に輝く紅葉期。

■アドバイス

▽登山の歴史は浅く、大正時代に金華山神社を奉る登拝路として拓かれたという。

▽山頂の北と東側一帯は、人為的影響のない河川集水域として、原生流域に指定されている。皆瀬川源流部の春川には幻の大滝・万滝がある。

▽高松岳への縦走路は未整備。

▽温泉は、秋の宮温泉郷（☎0183・55・8180）などがある。

■問合せ先

湯沢市観光ジオパーク推進課☎0183・55・8180、仙秋タクシー☎0183・52・2055

■2万5000分ノ1地形図

鬼首峠

登山口から林道を少し進み、木橋と水場を経て赤倉沢沿いをしばらく進むと、右手の枝沢から岩石が崩れ落ちて堆積した崩壊地に出合う。沢縁を渡り越すとまもなく渡渉点で、木橋を渡ると樹林の中にベンチや案内板の立つ**休憩地**がある。

休憩地からは、主稜線の標高点1234メートルまでいっきに600メートルを急登する。かなりのアルバイトだ。ブナやナラなどの茂る急な尾根筋の道には、要所に木段やベンチが設置されている。急登からやがて傾斜が緩んで**桧林**となり、この先、夫婦桧を越してブナ林を登ると、再び急登がはじまる。

やがてつづら折りの道となり、登りきると高松岳《たかまつだけ》への**分岐点**である標高点1234メートルの主稜線上へ飛び出す。樹間を透してドーム型の虎毛山山頂が眼前に迫る。

この先、やせた稜線を進んで小沢に接近すると、左に曲がって灌木帯の斜面の登りとなる。やがて樹高が一段と低くなり、前方に避難小屋が見えてくると、まもなく2等三角点のある**虎毛山**山頂である。山頂からの眺望は、東に栗駒山、西には神室《かむろ》の山々と、鳥海山《ちょうかいさん》が連なる。そして北に主稜線続きで高松岳や山伏岳《やまぶしだけ》などがえんえんと連なるさまが壮観である。

下山は往路を戻る。

CHECK POINT

1 赤倉林道入口の先にある登山口。登山届箱がある。ここから赤倉沢沿いに進む

2 沢沿いに行くとやがて崩壊地に出る。マーキングに注意しながら越えていく

3 急坂を登りきると分岐点に出る。前方に目指す山頂が望まれる

4 2等三角点のある虎毛山山頂と避難小屋

59

火山と温泉、高層湿原など、異色の景観にひたる

栗駒山・秣岳

くりこまやま　1626・5m（1等三角点）
まぐさだけ　1424・0m（3等三角点）

日帰り

Ⓐ栗駒山　歩行時間＝4時間5分　歩行距離＝8・2km　技術度　体力度
Ⓑ秣岳　歩行時間＝1時間50分　歩行距離＝2・9km　技術度　体力度

コース定数＝Ⓐ15Ⓑ8

標高差＝Ⓐ512mⒷ293m

累積標高差　Ⓐ↗611m　↘611m
Ⓑ↗399m　↘399m

↑湿原に木道がのびる名残ヶ原からの栗駒山山頂。この先に西回りコースとの分岐がある

←紅葉に彩られる須川高原大駐車場からの秣岳

秋田、岩手、宮城の3県にまたがる栗駒山は、栗駒国定公園の東側に位置する栗駒火山群の主峰である。山岳信仰の山として崇められ、秋田側では「大日岳《だいにちだけ》」、岩手側では「須川岳《すかわだけ》」、宮城側では「栗駒山」とよばれ、「駒形岳《こまがただけ》」「神駒岳《かみこまだけ》」などのよび名もある。

コニーデ型複式火山の栗駒山は、剣山《つるぎさん》（岳）など山容の異なる付属峰を連ね、周囲に湖沼や高層湿原を抱き、標高のわりには高山的な地形と植物相をもつ一大山岳公園を形成している。また、山腹や山麓には古くから湯治場として知られていた温泉も多い。

Ⓐ栗駒山　**登山口**は駐車場から、八合目にあたる須川高原温泉の裏に湧く源泉・大日《だいにち》岩にある。湯煙の中、コンクリート歩道を少し登るとオイラン風呂の小屋があり、やがて南北に長い名残ヶ原《なごりがはら》の湿原に出る。木道を進むと、西回りのコースとの**分岐点**に着く。

この先東回りで山頂に向かう道を左に見送り、ゼッタ沢沿いの道を行く。小沢を渡って硫化水素の臭う裸地をすぎると、地獄《じごく》谷を足もとに、やがて青緑色の湖水をたたえた美しい**昭和《しょうわ》湖**に出る。昭和19年の小爆発によってできたこの新火口湖は、三方が岩山で囲まれ、その右奥に外輪山《がいりんざん》の一峰である剣山が構え、異色の景観を創出している。

昭和湖をあとにしてハイマツやシャクナゲの茂る木段や土留めの

大きな標柱と小さな神社がある栗駒山山頂

道を登りきると、主稜線に出る。小広い裸地となった鞍部《あんぶ》で、湯浜《ゆはま》コースや秣岳からの天馬《てんま》尾根コースが出合う**須川分岐**（天狗平《てんぐだいら》）である。分岐から左へ稜線を行くと御室《おむろ》（天狗岩）の露岩に出て、大標柱や1等三角点、小神社の建つ**栗駒山**山頂である。

広い山頂からの眺望は、北にえんえんと連なる奥羽《おうう》の山々、西に鳥海山《ちょうかいさん》へと連なる神室《かむろ》や丁《ひのと》の山々が広がり、眼下の須川高原とともに美しい。

下山路としては、名残ヶ原の**分岐点**から西回りのコースをとると、剣山直下のユゲ山《やま》に乱立する火山岩の景観を見ながら須川高原の**登山口**に戻ることができる。

Ⓑ**秣岳**　栗駒山の西隣にあり、古名は馬糞森《まぐそもり》。須川湖近くの**登山口**からブナ林の急坂と緩い斜面を登って尾根に出る。この先尾根筋を急登すると、眺望のよい**秣岳**の山頂にいたる。

■鉄道・バス
往路・復路＝公共交通機関の利用は不適。須川高原温泉へのタクシーは、JR奥羽本線十文字駅または同湯沢駅から利用する。バスの運行は岩手県側のみ。

■マイカー
湯沢横手道路十文字ICから国道13・342号。または湯沢横手道路湯沢ICから国道398号、県道282号（仁郷大湯線）経由で須川高原温泉・登山口へ。

■登山適期
6〜10月。異色の景観を見せる昭和湖、高層湿原のお花畑。とくに新緑と紅葉期は格別である。

■アドバイス
▽**天馬尾根コース**　須川分岐から御駒岳を経て西へ連なる主稜線を行く縦走路で、眼下に龍泉ヶ原や須川高原を望みながら、白金湿原を経て秣岳にいたる（1時間30分）。
▽須川湖と須川温泉にキャンプ場がある。
▽温泉は、須川高原に栗駒山荘（☎0182・47・5111）、須川高原温泉（☎0191・23・9337）、奥小安峡に大湯温泉阿部旅館（☎0183・47・5102）がある。

■問合せ先
東成瀬村企画課☎0182・47・3402、秋南タクシー☎0182・42・0047、小安タクシー☎0183・47・5154

■2万5000分ノ1地形図
栗駒山

CHECK POINT

Ⓐ栗駒山

1

須川高原温泉源泉の上部からの大日岩。右は須川高原温泉、左奥は秣岳

2

名残ヶ原の分岐点。右の道はユゲ山を経由する西回りコース

3

青緑色の昭和湖と剣山方面。案内板の先にトイレがある

4

主稜線上の十字路・須川分岐からの栗駒山山頂。火山観測器がある

Ⓑ秣岳

1

栗駒山（中央）や御駒岳（右）を望む秣岳山頂。中央手前は龍泉ヶ原

2

白金湿原からの秣岳方面。岩石のあるピークの先に山頂がある

＊コース図は132㌻を参照。

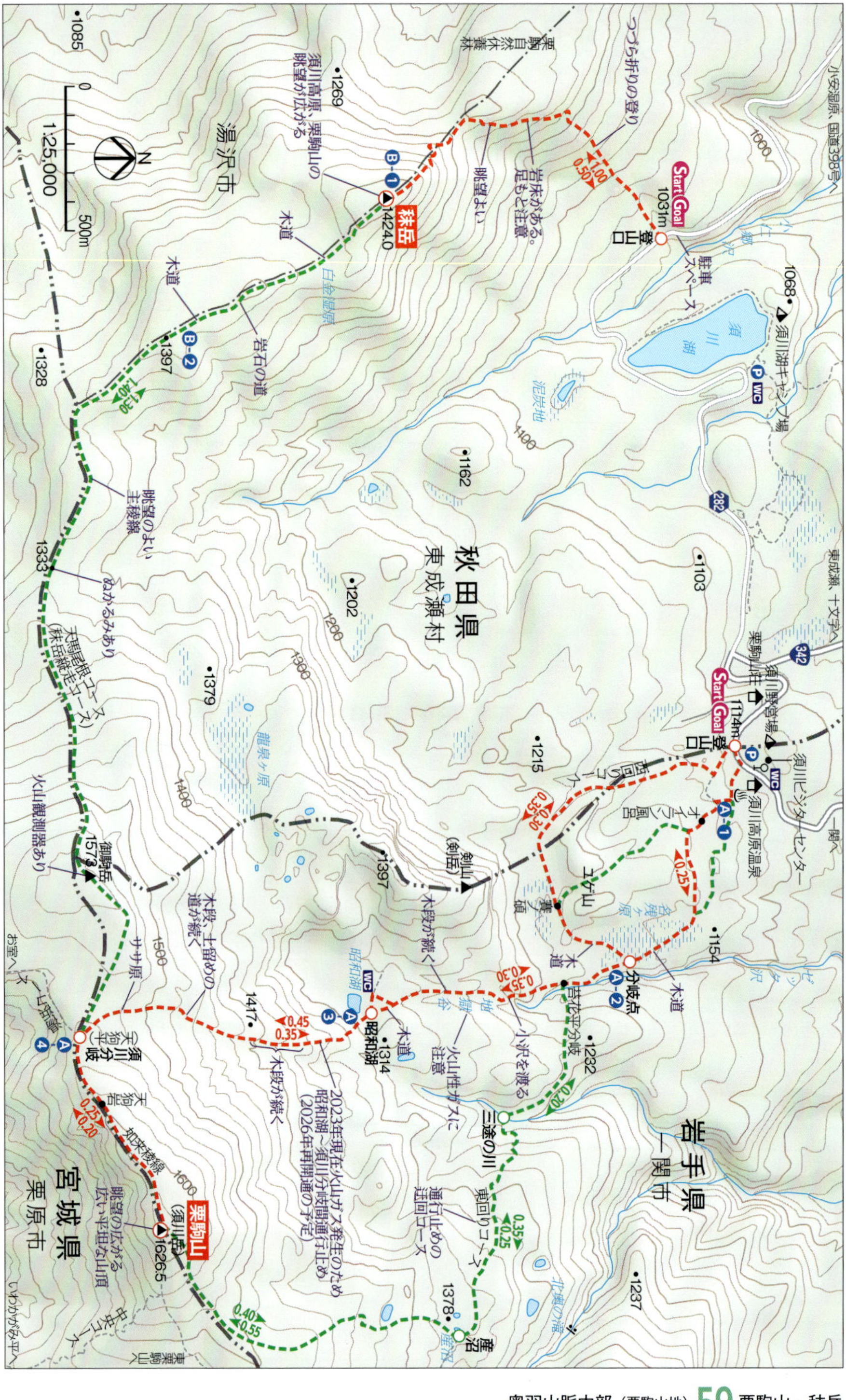

秋田県
東成瀬村
岩手県
一関市
宮城県
栗原市
湯沢市
秣岳
1424.0
栗駒山
（須川岳）
1626.5
御駒岳
1573.3
剣山
（剣岳）
須川湖
須川湖キャンプ場
Start Goal
登山口
1031m
駐車スペース
つづら折りの登り
岩床がある。足もと注意
眺望よし
栗駒自然休養林
須川高原、栗駒山の眺望が広がる
木道
岩石の道
泥炭地
1:25,000
500m
小安温泉、国道398号へ
東成瀬、十文字へ
栗駒山荘
須川野営場
須川ビジターセンター
須川高原温泉
一関へ
Start Goal
登山口
1114m
西回りコース
オイラン風呂
ゆげ山
分岐点
昭和湖
火山性ガスに注意
小沢を渡る
三途の川
東回りコース
通行止めの迂回コース
1378
須川分岐
天狗岩
2023年現在火山ガス発生のため昭和湖～須川分岐間通行止め（2026年再開通の予定）
木段が続く
木段、土留めの道が続く
ササ原
火山観測器あり
天馬尾根コース（秣岳縦走コース）
ぬかるみあり
眺望のよい主稜線
眺望の広がる広い平坦な山頂
いわかがみ平へ
中央コース
お室へ

60

神室山・前神室山

幽玄の渓谷とお花畑、神々の神殿を訪ねる

かむろさん　まえかむろさん

1365.0m（2等三角点）
1342.0m（3等三角点）

日帰り

歩行時間＝6時間50分
歩行距離＝12.0km

技術度 3／5
体力度 2／5

コース定数	＝28
標高差	＝949m
累積標高差	↗1220m ↘1220m

有屋分岐付近からの前神室山。ここからのびる主稜線上に縦走路がある

西ノ又分岐付近からの神室山山頂

改築された立派な避難小屋

栗駒《くりこま》国定公園の西部に位置する神室山は、秋田・山形の両県に連なる神室連峰の主峰である。湯沢《ゆざわ》市郊外から横堀《よこぼり》地区を経て国道108号を南下すると、正面に高く見えるのが前神室山で、本峰はその左奥に鎮座している。山頂近くには鏑山《かぶらやま》大神が祀られ、古来から山岳信仰の霊場として多くの人々に登拝されてきた。登山道は秋田・山形の両県側から6本あり、とくに秋田県側は沢や滝、湿原など、変化に富んだコースと、豊富な高山植物が魅力である。

神室山へは、国道108号秋《あき》ノ宮《みや》地区にある旧中山《なかやま》小学校前から、役内《やくない》集落を経て大《おお》役内林道に入る。林道を行くと案内板と鳥居の建つ西ノ又《また》林道入口があり、右へ西《にし》ノ又沢に沿って進むと駐車場

■鉄道・バス

往路・復路＝公共交通機関の利用は不適。西ノ又林道終点の登山口へのタクシーはJR奥羽本線横堀駅から。

■マイカー

湯沢横手道路雄勝こまちICから国道108号経由で役内集落へ。大役内林道、西ノ又林道を経て林道終点が登山口。旧中山小学校前から西ノ又林道入口まで約3㌔。その先の登山口まで1・8㌔の砂利道。

■登山適期

6〜10月。御田の神のお花畑が見ごろの夏前半、渓谷の新緑と山肌が紅黄に彩る紅葉期。

■アドバイス

▽登山口に登山届の箱がある。

▽ニノ渡先の急斜面の巻道は足もとの悪い箇所もあり、注意を要する。また、渡渉点はペンキ印と対岸の取付点、それに増水時は要注意。

▽温泉は、秋の宮温泉郷（☎0183・55・8180）、ほっと館（☎0183・52・2101）、湯ノ沢温泉日勝館（☎0183・52・4129）がある。

■問合せ先

湯沢市観光ジオパーク推進課☎0183・55・8180、仙秋タクシー☎0183・52・2055

■2万5000分ノ1地形図

神室山・秋ノ宮・羽後川井・鬼首峠

＊コース図は135㌻を参照。

湯沢市役内集落からの神室山全景。ひときわ目立つ前神室山(右)、その左奥がレリーフピーク。左端は三角石山

と案内板の立つ**登山口**だ。右の道は、近年地元山岳会が整備した前神室山経由のパノラマコース。直進すると変化に富んだ西ノ又コースで、修験の道である。

登山口から少し先で林道が終わり、まもなく**一《いち》ノ渡《わたり》の吊り橋**を渡る。続いて二《に》ノ渡の吊り橋と急傾斜の山腹を巻き、小沢を渡った先で**渡渉点**の三十三尋《さんじゅうさんひろ》ノ滝に出る。かつての修験者の垢離取場《こりとりば》だ。

ここから飛び石伝いに対岸に渡り、ひと登りすると不動明王《ふどうみょうおう》の石仏のある最後の水場に出る。ここから胸突八丁《むなつきはっちょう》の急登が続き、対岸に前神室山が見えてくる。登りきると視界が開け、池塘やお花畑のある**御田《おんだ》の神《かみ》**に着く。

この先、ササの斜面を登り、窓《まど》くぐりからやせ尾根を登ると、はじめて本峰が見えてきて、やがて**西ノ又分岐**に出る。右の道は前神室山への下山路。ここは左の眺望のよい尾根を下り、登り返すと2等三角点のある**神室山**山頂である。山形側の山頂直下に立派な避難小屋と水場がある。

下山は、**西ノ又分岐**から左へ進む。鏑山大神を祀るレリーフピークと有屋《ありや》分岐を越し、水晶森《すいしょうもり》への分岐を左に見送ると、まもなく3等三角点のある**前神室山**山頂だ。

前神室山からは眺望の広がる稜線を下り、第三（ざんげ坂）、**第二**、第一の各ピークの急坂を下る。しばらく進み、太いブナ林と**いっぷく平《だいら》**を越すと杉林に入り、まもなく**登山口**の駐車場である。

CHECK POINT

1 案内板の立つ西ノ又の登山口。直進は西ノ又コース、案内板から右へはパノラマコースがのびている

2 三十三尋ノ滝の渡渉点。マーキングに注意し、少し登って左の対岸(右岸)へ

3 胸突八丁を登りきると、湿原の広がる御田の神に着く

4 西ノ又分岐。右は下山で使用する前神室山へ、左は神室山の山頂へといたる

5 眺望の広がる神室山山頂。北方に次に向かう前神室山や水晶森方面が望まれる

6 荒れている前神室山山頂。この先は眺望のよい稜線を下っていく

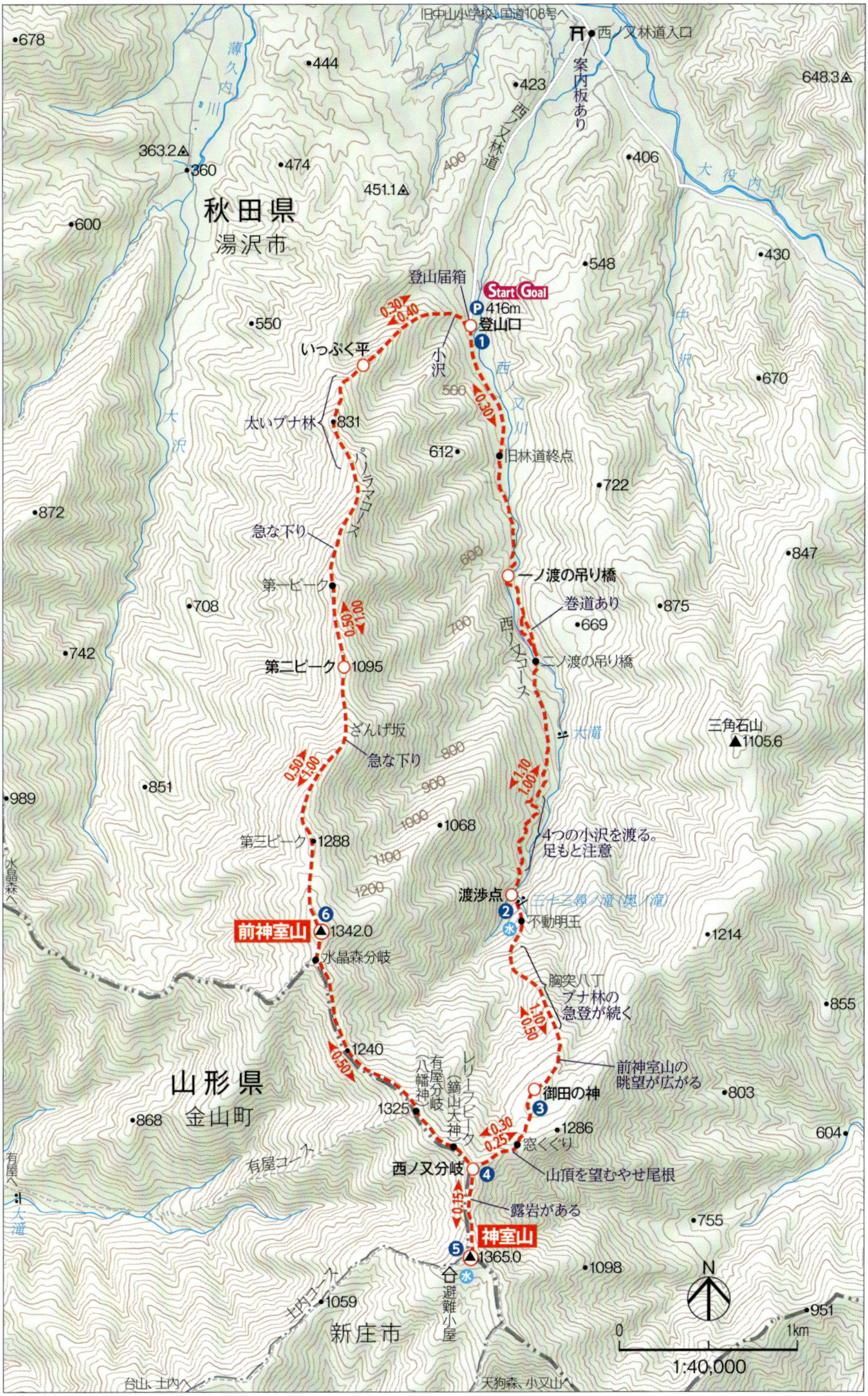
旧中山小学校、国道108号へ
西ノ又林道入口
案内板あり
西ノ又林道
薄久内川
大役内川
秋田県
湯沢市
山形県
金山町
新庄市
登山届箱
Start Goal
416m
登山口
いっぷく平
小沢
西ノ又川
太いブナ林
パノラマコース
急な下り
第一ピーク
第二ピーク
1095
ざんげ坂
急な下り
第三ピーク
1288
旧林道終点
一ノ渡の吊り橋
巻道あり
西ノ又コース
二ノ渡の吊り橋
大滝
三角石山
1105.6
4つの小沢を渡る。
足もと注意
渡渉点
三十三尋ノ滝（奥ノ滝）
不動明王
胸突八丁
ブナ林の
急登が続く
前神室山
1342.0
水晶森分岐
水晶森へ
1240
八幡神
有屋分岐
1325
レリーフピーク
（鏑山大神）
前神室山の
眺望が広がる
御田の神
1286
窓くぐり
山頂を望むやせ尾根
西ノ又分岐
露岩がある
有屋コース
有屋へ
大滝
神室山
1365.0
避難小屋
土内コース
台山、土内へ
天狗森、小又山へ
0:30
0:40
0:50
1:00
1:10
0:15
0:25
678
444
423
648.3
363.2
360
474
451.1
406
600
430
548
550
670
831
612
722
872
847
708
875
669
742
851
989
1068
1214
855
803
868
604
755
1098
1059
951
400
500
600
700
800
900
1000
1100
1200
N
0
1km
1:40,000

61 ひっそりと雄雌で居並ぶ奇岩の双耳峰

甑山（男甑・女甑）

日帰り

こしきやま（おこしき・めこしき）
981・3m（男甑・2等三角点）
979m（女甑）

歩行時間＝3時間50分
歩行距離＝5・2km

技術度

体力度

コース定数＝**15**	
標高差＝364m	
累積標高差	↗ 626m
	↘ 626m

男甑・北尾根の胸突八丁からの奇峰・女甑は迫力満点

甑山は、秋田と山形県境に連なる丁《ひのと》山地の東端部に位置し、国道13号を院内《いんない》方面に南下していくと、右奥方向に見える異様な形をした2つコブの山である。藩政時代には矢島《やしま》、本荘《ほんじょう》、亀田《かめだ》の由利《ゆり》各藩が、交通の要衝として、参勤交代の折に往来していたという甑峠のすぐ頭上にあり、山域全体が急峻な岩場を抱いた2つの岩峰の男甑、女甑からなっている。

国道108号鳥海《ちょうかい》町上笹子《かみじねご》の赤倉《あかくら》集落から分かれた車道は、皿川《さらかわ》地区を経て最奥の砂子《まなご》へのびており、その途中に甑山へ通じる甑林道の入口がある。

甑林道は甑峠方面に延長されているが、駐車場のある旧終点が**登山口**だ。標柱も立っている。

登山口から作業道跡の道に入って少し先で作業道を右に見送り、平坦な道を行く。途中、大深沢《おおぶかざわ》の枝沢と本沢を渡って雑木林を登ると、まもなく女甑の見える**分岐**に着く。

右の道は県境尾根を経て男甑へ、左へ進むと巨木のカツラの幹根（ウイルソン株）があり、すぐ女甑直下にひっそりとたたずむ**名《めい》勝《しょう》沼**に出る。ここにも分岐があ

女甑山頂付近からの男甑。正面の尾根を登って山頂へ

■**鉄道・バス**
往路・復路＝公共交通機関の利用は不適。甑林道の登山口へのタクシーはJR奥羽本線院内駅または由利高原鉄道矢島駅から。

■**マイカー**
湯沢横手道路雄勝こまちICまたは日本海東北道本荘ICから国道108号で由利本荘市赤倉集落を経て甑林道入口まで6㌔ほど。ここから登山口まで3・4㌔の砂利道。

■**登山適期**
6～10月。名勝沼に映える新緑もよいが、奇岩・岩壁群が紅・黄に染まる時期は見ごたえがある。

■**アドバイス**
▽大深沢を渡る付近や名勝沼上部の小沢は荒れており、要注意。
▽甑林道奥の登山口から甑峠を経て女甑に登るコースは荒れている。急登の連続で、健脚者向き。
▽烏帽子岩へは山頂から踏跡をたどって5分ほど。足もとに要注意。
▽甑林道の途中に、周囲がブナ林に囲まれた2㌶ほどの大池がある。
▽野宅温泉にあった2軒の宿（平兵湯と丁荘）は廃業した。

■**問合せ先**
由利本荘市鳥海総合支所☎0184・57・2201、仙秋タクシー☎0183・52・2055、鳥海観光タクシー☎0184・56・2020

■**2万5000分ノ1地形図**

り、左は甑峠に向かう。右の道を登ってトラバースすると、小沢の中の急登が続き、登りきると主稜線上の**甑コル**（男女コル）に出る。

北に位置する女甑へは、左へブナの稜線を進む。急な斜面を登りきると、眺望のよい**女甑**山頂にいたる。双耳峰の加無山《かぶやま》や鳥海山《ちょうかいさん》、神室山《かむろさん》、高松岳《たかまつだけ》などが望まれる。

甑コルに戻り、すぐ先の左からの道を見送って主稜線上を登ると、やがて胸突八丁《むなつきはっちょう》の急坂となる。名勝沼を見下ろしながら高度を上げると、平坦な稜線となり、右に県境コースを見送ってブナ林を抜けると、すぐに2等三角点のある**男甑**山頂である。

南東面の谷は峻険なスラブ状の岩壁をなし、目の前に烏《え》帽《ぼ》子《し》岩が勇壮に突き出している。山頂先の道は山形側からのコースで、下山は先ほどの県境コースをとる。

ブナ林の県境尾根を下って分岐を越すと**県境峠**に着く。左は山形側へ、右への道をたどると名勝沼との**分岐**に出て、往路を**登山口**に戻る。

松ノ木峠

CHECK POINT

甑林道の旧終点にある登山口。標柱の右からのびる作業道跡を進む

最初の分岐から女甑を望む。左の道は名勝沼へ、右のササの道は県境峠にいたる。ここは左へ

360度のパノラマが楽しめる女甑山頂。西方に丁岳や鳥海山が望まれる

男甑山頂からは勇壮に突き出す烏帽子岩が見える。東南側は200メートルも切れ落ちたスラブ状の大岩壁だ

62 丁岳

幽谷の断崖を抱く静かな魅力あふれる山

日帰り

ひのとだけ
1145・6m（1等三角点）

歩行時間＝3時間35分
歩行距離＝5・0km

技術度 ▲▲▲▲▲
体力度 ♥♥♥♥♥

コース定数	＝16
標高差	＝750m
累積標高差	↗760m ↘760m

↑眺望の広がる山頂東側の八方から萱森（中央）、観音森（左）を望む

←鳥海採石場上部から望むドーム型の丁岳。左の稜線は庄屋森を経て観音森へと続く（写真＝佐藤 博）

秋田と山形県境のほぼ中央部に、標高1000メートル前後の山々を連ねる丁山地があり、その主峰が丁岳である。激しい浸食によって多くの奇岩が積み重なった断崖を生み、山全域が急峻で、山麓から見るドーム型の山容はどっしりとした重量感に満ちている。また、ブナを主体とする天然林や亜高山性植物などが豊富で、県の自然環境保全地域に指定されている。

国道108号笹子《じねご》地区にある道の駅「鳥海郷《ちょうかいごう》」前から地方道70号（鳥海矢島《やしま》線）に入り、途中から上《かみ》野宅《のやけ》集落への車道を行く。集落先の大平《おおだいら》野営場から丁川沿いの水《みず》無《なし》林道を約3キロ行くと、案内板や駐車場のある**登山口**に着く。

登山口から橋を渡り、対岸のやせた尾根に取り付く。ブナやミズ

■**鉄道・バス**
公共交通機関の利用は不適。水無林道の登山口へのタクシーはJR奥羽本線横堀駅か由利高原鉄道矢島駅から。

■**マイカー**
日本海沿岸東北道本荘ICまたは湯沢横手道路雄勝こまちICから国道108号笹子地区・道の駅「鳥海郷」前から入る。以下本文参照。

■**登山適期**
6～10月。ブナなどの新緑期もよいが、幽谷の断崖が紅黄に染まる紅葉期がベスト。

■**アドバイス**
▽観音森への縦走路は昭和52年に開拓。丁岳から東に下り、風のコル先の萱森の急斜面を登下降し、庄屋森で北進して観音森へ。山頂からブナと杉林を下ると登山口・駐車場である。丁岳（4時間30分）登山口。また、萱森の手前に中道コースが合流し、杉林を通って登山口に下ることもできる。ともに健脚者向き。
▽野宅温泉にあった2軒の宿（平兵湯と丁荘）は廃業した。

■**問合せ先**
由利本荘市鳥海総合支所☎0184・57・2201、仙秋タクシー☎0183・52・2055、鳥海観光タクシー☎0184・56・2020

■**2万5000分ノ1地形図**
丁岳

ナラの茂る尾根道を行くと、樹間を透して荒倉ノ滝が右方に望まれ、すぐ**滝見台**《たきみだい》に着く。ここから木段のある急坂となるが、樹林帯の急登が容赦なく続く。高度を上げていくと尾根筋が平らになり、右方に鳥海山を望む平坦地に出る。

この先、さらに急登が続き、やがて左側が絶壁となり、周囲にクロベの大木が茂る**観音**《かんのん》**岩**に着く。すぐ先に小沢があり、水場となるが、盛夏には涸れることが多い。

水場からはコース中最大の急登となる。ブナ林から灌木帯に変わる頃に傾斜も緩くなり、お花畑と地蔵《じぞう》岩への分岐に着く。左の直進する道を行くと、山神の石碑や1等三角点のある**丁岳**山頂である。山頂からは展望が得られないので、少し東に下って、八方《はっぽう》で眺望を楽しんでもよい。

下山は往路を戻る。

CHECK POINT

1

駐車場の手前に案内板が立つ水無林道の登山口。すぐ先で丁川の橋を渡る

2

鳥海山の眺望抜群のお花畑への道と山頂への道との分岐点。山頂直下で合流する

3

灌木帯に囲まれて眺望のない丁岳山頂。1等三角点と記念碑などがある

—近くにある山—

月山《つきやま》 638・9メートル（3等三角点）

月山は笹子地区に鎮座し、地元の信仰がとくに篤く、9月の祭日には山頂で祭礼が行われる。模渕（ぶなぶち）の旧バス停近くに登山口があり、杉林の急坂から林道跡をたどると、月山林道との分岐に出る。右に少し進むと、左に山頂への歩道があり、月山神社と3等三角点のある眺望のよい山頂にいたる。登山口（1時間10分）月山。

なお、落合から月山林道を利用すると、山頂直下の登り口から約20分で山頂にいたる。

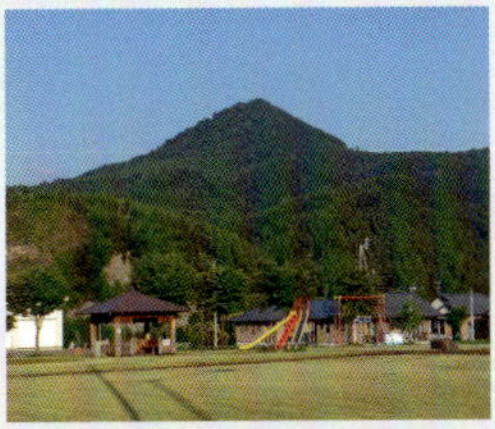

道の駅「鳥海郷」から望む月山。地元の信仰が篤い鎮守の森

63

鳥海山・笙ヶ岳

ちょうかいさん しょうがだけ

豊富な高山植物と雄大な雪渓を抱く名峰

2236m（新山）
1635.1m（2等三角点）

日帰り

コース①　歩行時間＝8時間40分　歩行距離＝15.0km　技術度　体力度
コース②　歩行時間＝7時間55分　歩行距離＝10.0km　技術度　体力度
コース③　歩行時間＝5時間25分　歩行距離＝10.3km　技術度　体力度

コース定数＝① **35** ② **29** ③ **21**

標高差＝① 1076m ② 1051m ③ 475m

累積標高差
① ↗1340m ↘1340m
② ↗1120m ↘1120m
③ ↗823m ↘823m

ニッコウキスゲが咲き乱れる三峰付近からの笙ヶ岳主峰（左）と二峰（コース③）

日本海に裾野を浸し、秋田と山形県境にまたがる東北第2の高峰・鳥海山は、その秀麗な山容から「出羽《でわ》富士《ふじ》」「秋田富士」ともよばれ、昭和38年に国定公園に指定されている。山頂には大物忌神《おおものいみ》社が祀られており、古来より信仰の山として名高い。

鳥海山は有史以前から何度も噴火を続け、その特有な造山活動が岩峰や数多くの草原・湿原をつくってきた。多彩な高山植物が咲く山上の楽園は、まさに火山からの贈り物である。また、山頂の新山《しんざん》や七高山《しちこうさん》からの眺望は雄大であり、東北の名だたる峰や、眼下の日本海に浮かぶ飛《とび》島、海岸線に沿って広がる仁賀保《にかほ》や庄内《しょうない》の平野は、まさに独立峰ならではの絶景である。とくに朝日を浴びた鳥海山が、その三角形のシルエットを日本海に映す影《かげ》鳥海は奇観として知られる。

昭和47年に「鳥海ブルーライン」が開通して以来、アプローチが短縮されて登山が容易となり、多くの登山者や行楽客でにぎわう山となった。

山頂への登山コースは数多いが、秋田側からは象潟《きさかた》口、矢島《やしま》口、猿《さる》

■鉄道・バス
コース①、③＝JR羽越本線象潟駅から鳥海山乗合登山バスで鉾立へ。ただし便数は少ない。
コース②＝由利高原鉄道矢島駅からタクシーで祓川へ。

■マイカー
コース①、③＝日本海東北道象潟ICから地方道58号小滝、県道131号（鳥海公園小滝線）を経て鉾立へ。
コース②＝日本海東北道本荘ICから国道108号矢島、地方道32号花立、地方道58号（象潟矢島線）駒の王子を経て祓川へ。または日本海東北道仁賀保ICから地方道32号を経て花立へ。以下本文参照。

■登山適期
7〜9月。6月下旬頃から9月頃の各種高山植物の開花期、また豊富な万年雪を残す盛夏、外輪山や山頂周辺から山腹を錦絵に染め上げる紅葉期がベスト。

■アドバイス
▽強風時での火山礫帯や雪渓、外輪上の通過はとくに注意を要する。
▽矢島口と百宅口は遅くまで雪渓が残るので、濃霧時には要注意。
▽**百宅口**　東面から登るコース。百宅地区から手代林道を経て避難小屋やキャンプ場のある登山口・大清水園地へ。ブナ林に入ると、五合目・大倉ノ滝、六合目・タッチラ坂、七合目・屏風岩を経て避難小屋の建つ

御田ヶ原から最高点の新山（左）、七高山（左奥）と外輪山を望む（コース①）

倉《くら》口、百宅《ももやけ》口の4コース。このうち、利用者が多いのが象潟口と矢島口で、猿倉口と百宅口は静かな山行を楽しめる。ここでは象潟口と矢島口からのコースを紹介する。

コース①象潟口　最も人気の高い象潟口は、小滝《こたき》集落からのびる鳥海ブルーラインの五合目・**鉾立**《ほこだて》の登山口から入る。ここには鉾立山荘やビジターセンターなどがあり、大駐車場や展望台、散策路などが整備されている。

登山口から上部の白糸《しらいと》の滝展望台までの遊歩道を登ると、雄大な眺めが広がり、対岸に稲《いな》倉岳《くらだけ》、足もとに深く切れ落ちた奈曽《なそ》渓谷、その奥に蟻《あり》ノ戸《と》渡《わたり》を越して新山の頂が眺望できる。

奈曽渓谷側の断崖に沿って整備された道を進むと、白糸の滝がかいま見え、やがて断崖から離れて石段や石敷の道となり、岩石帯を越すと湿原が広がり、清水の流れる**六合目・賽**《さい》**ノ河原**《かわら》に出る。雪渓が遅くまで残るところでもある。

少し先から石段の急坂となり、登りきって草原状の広い斜面を登ると、やがて**七合目・御浜**《おはま》に着く。御浜神社と山小屋、トイレがあり、吹浦《ふくら》からのコースと合流する。南側の足もとには異色の景観を放つ鳥海湖（鳥《とり》ノ海《うみ》）が輝き、一帯はニッコウキスゲの群生地でもある。

御浜から火山礫の道をたどると扇子森《せんすもり》、その先の御田ヶ原《おだがはら》にいたり、石段の続く道をさらに登ると八合目・八丁坂《はっちょうざか》。続いて小池のある御苗代《おなわしろ》に出ると、わずかの距離で**七五三掛**《しめかけ》（旧分岐点）、続いて千《せん》蛇《じゃ》谷の入口で道は2分する。

右の道は外輪《がいりん》をたどって七高山にいたる。左の道に進んで巻道を慎重に下るとトラバースの道となり、雪渓の残る九合目・千蛇谷に下り立つ。落石やスリップには注意したい。

八合目・唐獅子平へと登りが続く。2つの雪渓を登り九合目・霧ヶ平、ガレ場の急坂を登って外輪に出て七高山にいたる（4時間30分）。

▽**猿倉口**　猿倉地区から鳥海畜産センター（旧奥山牧場）を経て、祓川にいたる林道の途中に登山口がある。ブナ林を登って五合目・棚池、六合目・見返り坂、七合目・鳶谷の沢を渡り、湿原と沢を渡って八合目・七ツ釜直下の避難小屋へ（2時間）。

▽コース中の宿泊施設は鉾立山荘、御浜小屋、頂上御室、祓川ヒュッテ、七ツ釜避難小屋がある。

▽温泉は、象潟に湯の台温泉鶴泉荘（☎0184・44・2145）、猿倉にフォレスタ鳥海（☎0184・58・2888）、ホテルまさか（☎0184・58・2188）、鳥海荘（☎0184・58・2065）がある。

■問合せ先

にかほ市象潟庁舎☎0184・43・3230、由利本荘市矢島総合支所☎0184・55・4953、由利本荘市鳥海総合支所☎0184・57・2201、鉾立ビジターセンター☎090・2021・0270、鳥海山登山乗合バス☎0184・43・2030（象潟合同タクシー）、鳥海観光タクシー☎0184・56・2020

■2万5000分ノ1地形図

鳥海山・小砂川

＊コース図は143ページを参照。

五合目・祓川から望む七高山（左）、新山（すぐ右）（コース②）

千蛇谷からは、山容が一変した対岸の荒神《こうじん》ヶ《が》岳《たけ》側に渡り、石段の急坂を登る。つづら折りの登りが終わると鳥海山大物忌神社御本社の建つ十合目・**頂上御室**《おむろ》に飛び出す。頭上には岩峰・新山ドームがそびえている。

荷物を置いて、神社の左側からペンキ印にしたがって巨岩を注意深く登っていくと、大切通しに出る。ここをくぐってよじ登ると、2236メートルの最高峰・**新山**である。

七高山の山頂を眺めながら大雪路上部の斜面を行く（コース②）

極端に狭い山頂から一段下り、七高山側の目印を下ると胎内潜り《たいないくぐ》である。足もとに注意して下ると、七高山からの道に出て、右への道を神社へ戻る。濃霧時は要注意だ。

余裕があれば火口壁の急斜面（クサリあり）を登って、1等三角点のある**七高山**へ。さらに外輪道をとって行者岳《ぎょうじゃだけ》、伏拝岳《ふしおがみだけ》、文《もん》殊岳《じゅだけ》を経て千蛇谷入口の分岐に戻るが、足場の悪い地点もあるので慎重に下りたい。初級者や、強風や濃霧の時は往路を引き返した方がよい。

コース②矢島口　秋田側では最も古い歴史ある登山道で、矢島から地方道58号（象潟矢島線）を花立《はなだて》牧場公園を経て、五合目・**祓川**《はらいかわ》の登山口へ。ここには祓川ヒュッテやキャンプ場、散策路などがある。

登山口から竜ヶ原《りゅうがはら》湿原の木道を渡り、祓川神社をすぎると本格的な登りとなる。この先、遅くまで残雪の残る**六合目・賽ノ河原**、池塘のある**七合目・御田**《おだ》へと続く。

七合目から急坂を登り、石敷の坂を登りきると稜線上の分岐に出る。左に入るとすぐに避難小屋があり、猿倉からのコースが合流する。右の道を少し登ると7つの滝壺が連なる**八合目・七《なな》ツ釜《がま》**で、この先まもなく道が二分する。右は眺望とお花畑に恵まれた康《やすし》新道、左は岩石の散らばる大雪路《おおゆきじろ》の斜面を登って上部に出て、沢をまたいで**九合目・氷《こおり》ノ薬師《やくし》**にいたる。このあたりは、残雪がある時期や濃霧時には十分注意したい。

九合目を過ぎ、**舎利《しゃり》坂入口**から石畳の道を登ってクサリのある舎利坂の急なガレ場を越えると**七高山**山頂だ。**新山**へは南へ少し下ると分岐があり、クサリのある火口壁を下って**頂上御室**から登る。

下山は康新道を舎利坂上部の分岐から外輪沿いに下る。下部で東に向きを変え、小沢を下ったりまたいで、先ほどの分岐へ戻る。外輪から眺める新山の北面は圧巻だ。

コース③笙ヶ岳　鳥海山の西隣に位置する笙ヶ岳は西《にし》鳥海ともよばれ、とくに高山植物の群落と展望に優れており、多くの愛好者に登り親しまれている。

笙ヶ岳へは、象潟口・**鉾立**の登山口から**七合目・御浜**にいたり（コース①参照）、南西にのびる長坂《ながさか》道の稜線を下って**T字分岐**に出る。

この先、登り返すと三峰にいたり、広い平坦な道を進んで二峰を越すと、まもなく2等三角点のある広い眺望抜群の**笙ヶ岳**山頂だ。

下山は往路を戻る。

なお、象潟口の賽ノ河原から水路脇の踏跡をたどって吹浦口に出て、河原宿《かわらじゅく》の分岐を右折して石敷と木道を進んで御浜からのびる長坂道のT字分岐に出ることもできるが、濃霧時には要注意。

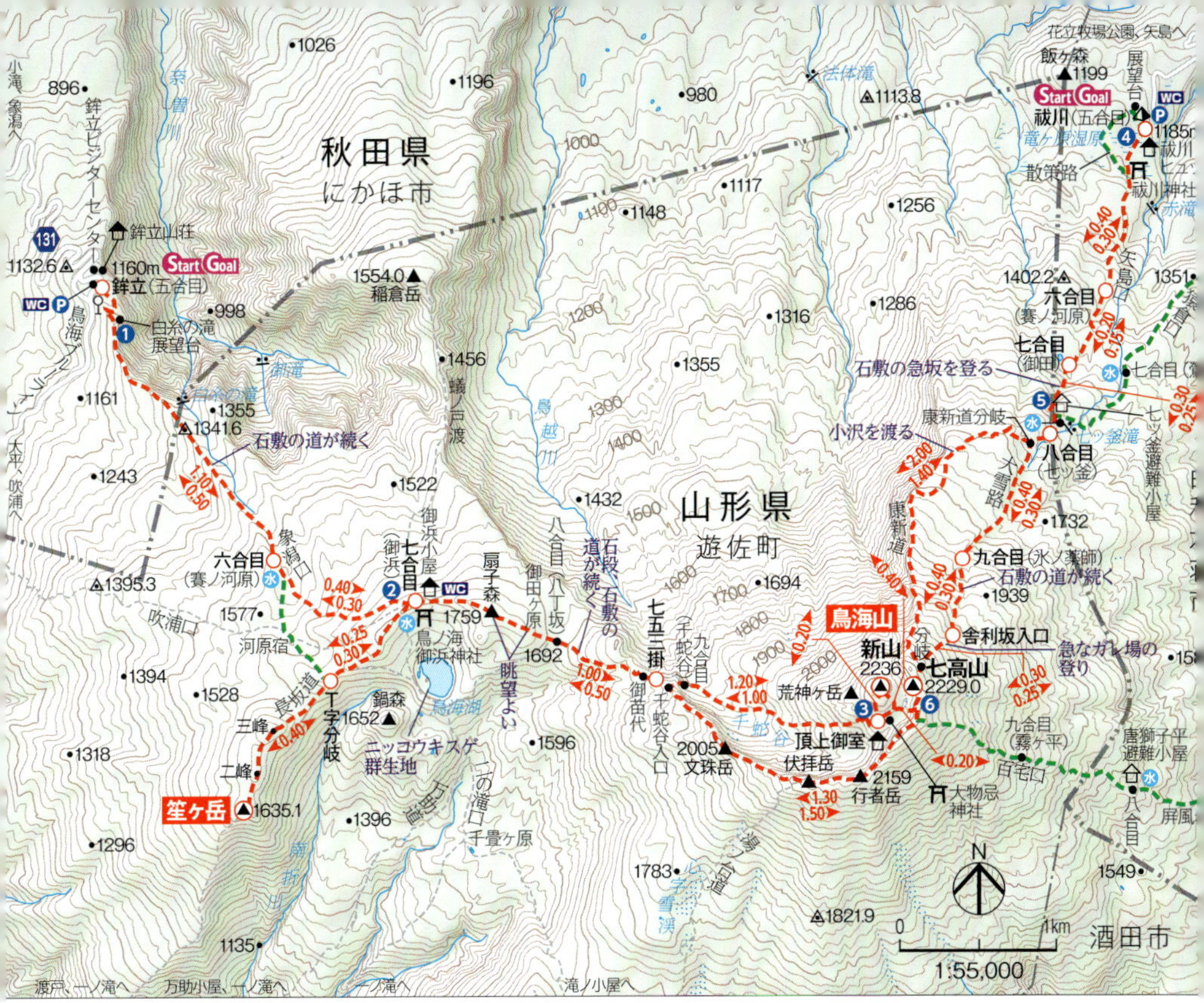

CHECK POINT

コース①

鉾立先の展望台から奈曽渓谷越しに見る鳥海山山頂部

七合目・御浜から鳥海湖と鍋森、その右奥に笙ヶ岳を望む

十合目の大物忌神社と頂上御室（宿泊可）。奥は鳥海山最高点（2236m）・新山

コース②

五合目の祓川ヒュッテから竜ヶ原湿原と鳥海山山頂部を望む

避難小屋の入口に康新道を拓いた佐藤康氏を讃えた康ケルンがある

1等三角点と石碑の並ぶ七高山山頂

●著者紹介

佐々木民秀（ささき・たみひで）

1936年秋田市太平に生まれる。1955年秋田工業高校卒業後、本格的な登山をはじめ、長年にわたり組織登山による活動に専念する。個人的にはやぶ山に精通し、県内の全630山をはじめてまとめあげ、1000㍍以上の山々を全踏破。大石岳や東山、中岳などを見いだし、登山界に紹介する。また、韓国や台湾の山々にも精通、登山を通じた国際交流にも長年にわたり貢献、1991年に出生地の秋田・太平山と韓国・智異山を世界初の姉妹山として締結させる。

主な著書にアルペンガイド『東北の山』『日本の山1000』『新日本百名山』『日本三百名山』（共著／山と溪谷社）などがある。

現在、日本山岳会永年会員・秋田支部顧問、秋田中央地区山岳協議会会長の要職を担い、太平山県立自然公園整備促進地域協議会委員としても活躍している。2016年度秋田県スポーツ功労賞受賞。秋田市在住。

＊本書ではこのほか、鈴木裕子、畠山秀雄、今野昌雄、佐藤 博、石川祐子の各氏に山行の協力と写真の一部を、高橋政彦と那須正美の両氏に表紙などの写真を提供いただいた。

分県登山ガイド04

秋田県の山

2018年7月1日 初版第1刷発行
2024年2月10日 初版第2刷発行

著　者 —— 佐々木民秀
発行人 —— 川崎深雪
発行所 —— 株式会社 山と溪谷社
〒101-0051
東京都千代田区神田神保町1丁目105番地
https://www.yamakei.co.jp/

■乱丁・落丁、及び内容に関するお問合せ先
山と溪谷社自動応答サービス　TEL03-6744-1900
受付時間／11:00～16:00（土日、祝日を除く）
メールもご利用ください。
【乱丁・落丁】service@yamakei.co.jp
【内容】info@yamakei.co.jp

■書店・取次様からのご注文先
山と溪谷社受注センター
TEL048-458-3455　FAX048-421-0513

■書店・取次様からのご注文以外のお問合せ先
eigyo@yamakei.co.jp

印刷所 —— 大日本印刷株式会社
製本所 —— 株式会社明光社

ISBN978-4-635-02034-3

●乱丁、落丁などの不良品は送料小社負担でお取り替えいたします。
●定価はカバーに表示してあります。

●編集
吉田祐介
●編集協力
後藤厚子
●ブック・カバーデザイン
I.D.G.
● DTP
株式会社 千秋社（北原菜美子）
● MAP
株式会社 千秋社（細井智喜）

■本書に掲載した地図は、国土地理院長の承認を得て、同院発行の数値地図（国土基本情報）電子国土基本図（地図情報）、数値地図（国土基本情報）電子国土基本図（地名情報）、数値地図（国土基本情報）基盤地図情報（数値標高モデル）及び数値地図（国土基本情報20万）を使用したものです。（承認番号 平30情使、第167号）
■各紹介コースの「コース定数」および「体力度のランク」については、鹿屋体育大学教授・山本正嘉さんの指導とアドバイスに基づいて算出したものです。
■本書に掲載した歩行距離、累積標高差の計算には、DAN杉本さん作製の「カシミール3D」を利用させていただきました。